すぐに▼役立つ

◆図解とQ＆Aでスッキリ！◆

クレジット・サラ金の法律と実践的解決法 ケース別90

弁護士 藤田 裕 監修

三修社

本書に関するお問い合わせについて
本書の内容に関するお問い合わせは、お手数ですが、小社あてに郵便・ファックス・メールでお願いします。
なお、執筆者多忙により、回答に1週間から10日程度を要する場合があります。あらかじめご了承ください。

はじめに

ローンを組んでお金を借りた場合やクレジット契約で商品を購入した場合には、返済期限までに借りたお金に利息をつけて返済するのが契約上のルールです。ただ、生活苦や職場の倒産などのさまざまな事情から返済期限に間に合わなかったり、借金総額が膨れ上がって金利さえ払えないといった深刻な状況に陥る場合もあります。

このような場合に、かかえている借金問題を先送りにしてしまうと、事態が悪化し、かえって債務を増やす結果にもなりかねません。ただ、借金整理をするかどうかは、債権者には、決して相談できない性質のものです。基本的には、利害関係のない弁護士のような専門家のアドバイスを求めるのが適切であることが多いでしょう。弁護士は、債権債務の全部を把握した上で、どの道が最良か、助言してくれるはずです。今は苦しい状況であっても、一定期間頑張れば、いずれは元の生活が取り戻せます。すべて清算して人生をやり直すこともときには必要です。

本書は、借金問題やクレジットをめぐるトラブルの解決法をアドバイスするものです。返済をめぐるトラブルにはじまり、任意整理、特定調停、個人再生、自己破産といった借金の整理法をわかりやすく解説しています。また、トラブルをイメージしやすいように、クレジット契約のしくみやクレジット契約を結ぶ上での注意点、住宅ローン返済や任意売却、競売、債務整理後に生活苦に陥った場合の生活保護制度の利用法など、ローンやクレジットをめぐるさまざまな問題を多数ピックアップしています。

平成21年12月に割賦販売法、平成22年６月に貸金業法の改正法が施行されましたが、本書は最新の法律、制度にも対応しています。

本書を通じて、ローンやクレジットなどで借金をかかえ、悩んでいる債務者やご家族の皆様のお役に立てれば幸いです。

監修者　弁護士　藤田　裕

Contents

はじめに

PART 1 クレジット・サラ金をめぐる法律知識

1 ローンやお金の貸し借りをめぐる法律について知っておこう 10
2 どんな契約形態なのか 12
3 貸金業者から借金をするときのルールが変わった 14
4 引直し計算をすると借金が減る 19
5 過払金返還訴訟をする 22
6 いざというときに相談する場所を知っておく 24
7 どんな債務整理法があるのか 27
8 任意整理の手続の流れはこうなっている 30
9 特定調停を申し立ててみよう 33
10 個人民事再生には3つの大きな柱がある 36
11 個人民事再生の手続の流れを見ておく 38
12 自己破産の手続きの流れを見ておこう 41
13 破産審尋から破産手続開始決定を受けるまで 44
14 免責手続について知っておこう 46
15 破産管財人が選任されると管財事件になる 48
16 生活に困ったときの制度について知っておこう 52
17 生活保護の申請の仕方 55
書式 生活保護申請書 58

PART 2 借金の返済をめぐるトラブル

1 返済期以外は約束しないでお金を借りた場合元本以外にも支払う必要があるのか 60
2 領収書の発行を請求したのに領収書をくれない 62
3 遅延利息の計算のしかたがわからない 64

4 返済期限より前に全額返済したい 66
5 貸主が死亡した場合に借主はだれに返済すればよいのか 68
6 借主が死亡すると保証人の責任はどうなるのか 70
7 兄弟の借金を代わりに支払えと要求された 72
8 知人に保証人になってくれと頼まれた 74
9 金額欄を空欄にした委任状を作成するとどうなるのか 76
10 個人保証をしている会社の破産手続を行うにはどうすればよいのか 78
11 時効で消滅したはずの借金の返済を求められた 80
12 売掛債権が譲渡されたが同額の貸付債権と相殺したい 82
13 手形貸付による融資を受けたいのだが 84
14「今後は専業主婦に貸すのは難しくなる」と言われたが 86
15 貸金業者に収入の状況がわかる書面の提出を求められたが何に使うのか 88
16 貸金業者に「指定信用情報機関に情報を提供する」同意を求められたが 90
17 契約トラブルについて法律相談に行くときには、どんな準備をすればよいのか 92

PART 3 クレジット契約をめぐるトラブル

1 商品を分割払いで購入する場合どのような方法があるのか 94
2 クレジットカードを利用して一括払い以外の方法で支払う場合は 96
3 広告や書面の受取りにあたって注意すべきことは何か 98
4 期限の利益喪失約款があると即日一括払で請求されてもしかたないのか 100
5 購入した家具の所有権が製造業者に留保されていた 102
6 提携ローンというのはローン提携販売と違うのか 104
7 クレジットカードで購入した商品をキャンセルするとどうなるのか 106
8 カードの入会審査に通らず納得がいかないのだが 108
9 カードの盗難保険制度について知りたい 110
10 クレジットカードを不正に使用された場合はどうしたらよいか 112
11 カードを使いすぎて支払不能になってしまった 114

Contents

12 クレジット契約で商品を購入する際どんなことに気をつければよいのか 116
13 注文した物と違う品なのでクレジット支払を止めたいのだが 118
14 商品を返還してもクレジット代金を全額払う必要があるのか 120
15 ショッピングクレジットで購入した商品を解約したい 122
16 契約を取り消したら支払ったお金を返してもらえるか 124
17 親の同意がないとクレジット契約を結べないのか 126
18 デパートの友の会を退会しようとしたら、解約料を請求された 128

PART 4 違法な取立て・過払い請求のトラブル

1 消費者金融への返済が遅れたところ暴力的な取立てをしてきた 130
2 カードで買った商品を貸金業者が約束の値段で買ってくれなかった 132
3 多重債務解消のために紹介屋を利用したら債務が増えてしまった 134
4 ヤミ金融業者から借金をしてしまったがどうすればよいか 136
5 金融業者が勝手に口座に金を振り込み返済を要求してきた 138
6 過払金の返還を自分で請求することはできるか 140
7 自分で金融業者に過払金返還請求をしたが応じてくれない 142
8 消費者金融業者から身に覚えのない借金の督促状が届いたが 144

PART 5 任意整理・特定調停・個人再生をめぐる法律問題

1 特定調停を利用する場合に気をつけるべきこととは 146
2 任意整理で合意した返済ができなくなってしまった 148
3 個人民事再生を選択すべきかどうか迷っているが 150
4 経営している店舗と自宅を失わずに債務整理をしたい 152
5 「借金総額が 5,000 万円以下」という場合、住宅ローンの残額は含まれるのか 154
6 再生計画が認可されない場合もあるのか 156
7 再生計画が実現できそうもなくなったらどうすればよいか 158

8 会社での地位と生活を守りながら債務整理をしたいのだが 160
9 可処分所得はどのように計算するのか 162
10 保証会社が代位弁済をしてしまうとどうなる 164
11 住宅資金特別条項を盛り込む場合にはどのような内容にしたらよいか 166
12 どんな場合に保証会社の競売中止命令が出されるのか 168
13 月々の住宅ローンの返済額を軽減する方法にはどんなものがあるのか 170
14 個人民事再生を利用すれば保証人に迷惑をかけずにすむのか 172

PART 6 自己破産手続きで解決するトラブル

1 自己破産すると自宅はどうなるのか 174
2 自己破産申立てをすれば支払義務はなくなるのか 176
3 債務額が小さくても自己破産できるか 178
4 破産手続開始決定は破産者にどんな影響を与えるのか 180
5 夫が破産すると妻の財産はどうなるのか 182
6 借主が破産したら保証人は債権者に何が言えるのか 184
7 会社に破産手続開始の申立てをしたことを知られたくないが 186
8 破産すると生命保険や学資保険も解約する必要があるのか 188
9 自己破産すると手元にお金を残せないのか 190
10 自己破産申立後も自動車は使えるのか 192
11 破産すると給料を差し押えられることもあるのか 194
12 自己破産すると退職金はどうなるのか 196
13 破産の申立て前に世話になった友人に返済したいのだが 198
14 免責確定後に一部の債権者が支払請求をしてきたのだが 200
15 不注意による交通事故の賠償債務や離婚の慰謝料は自己破産で免責されるのか 202
16 自己破産すると養育費の支払義務はどうなるのか 204
17 クレジットで購入した車を売ったら免責を受けられないのか 206
18 自己破産すると税金や社会保険の滞納分はどうなるのか 208

Contents

19 自己破産を申し立てたいと思っているが弁護士に依頼するための費用がない 210

PART 7 住宅ローン返済や生活保護など暮らしの法律問題

1 住宅ローンが支払えない場合にはどうしたらよいか 212
2 住宅ローンを組むと設定される抵当権とはどのようなものなのか 214
3 競売や任意売却はどちらを利用するのが有利なのか 216
4 自宅が競売にかけられそうだが、どのような準備をしておくべきか 218
5 自宅を競売にかけられるとどうなるのか 220
6 自宅を任意売却するとどのような効果が得られるのか 222
7 任意売却をする際に債権者との交渉過程で気をつけることとは 224
8 債権者が任意売却をもちかけてきたら 226
9 任意売却にむけて債務者がしておくこととは 228
10 自宅を親戚に売却して住み続けたい 230
11 仕事もなく借金も増えたので生活保護を受けたい 232
12 借金がある上に居候の身だが生活保護を受けたい 234
13 どんな種類の生活保護を受けられるのか 236
14 辞退届を書かされそうだが 238

PART 1

クレジット・サラ金をめぐる法律知識

1 ローンやお金の貸し借りをめぐる法律について知っておこう

民法をはじめ、さまざまな法律がかかわる

どんな法律があるのか

ローンや金銭の貸し借りについて定めている法律にはさまざまなものがあります。契約内容やトラブルを理解する前提として、金銭の貸し借りを規制する法律にどのようなものがあるか見ておきましょう。

民法とは

民法は一般人と一般人の間で生じる問題についてのルールを定めている法律です。金銭の貸し借りやローンについても、もっとも大元となるルールを定めているのは民法と言ってよいでしょう。

金銭の貸し借りのことを、法律上、**金銭消費貸借契約**（しょうひたいしゃく）といいますが、金銭消費貸借の成立要件や責任について、原則的な定めを置いているのも民法です。また、金銭の貸し借りを行う際には、返済できなかった時のために、保証人をつけたり抵当権を設定するのが通常ですが、そのような保証や担保の種類・内容についても民法に基本的な規定が置かれています。

なお、相手方が約束を守らなかった場合には損害賠償請求や契約の解除ができることが民法で認められています。

消費者契約法とは

金銭の貸し借りやローン契約というのは、消費者金融や販売会社といった事業者と一般消費者である個人との間で結ばれることが多い契約です。

消費者契約法は一般の消費者と事業者が契約する際に、消費者に不当に不利な契約が結ばれないようにするためのルールを定めています。

割賦販売法とは

商品の購入の際、クレジットカードなどを利用して代金を後払いにするのが日常的です。このように、商品の引渡しと代金の支払時期に時間的な間隔が空く取引の

ことを信用取引ということがあります。信用取引は、手元に資金がなくとも商品の購入が可能になる反面、支払形態が複雑になるなどの問題もあるため、割賦（かっぷ）販売法という法律でルールが定められています。

貸金業法・出資法・利息制限法

近年、借金に関する状況、特に貸金業者からの借入れをめぐる状況については、大きく変わりつつあります。平成18年12月に当時の貸金業の規制等に関する法律が改正され、貸金業法、出資法、利息制限法についての制度や金利に対する規制が大幅に見直されました。改正は段階的に施行され、平成22年６月に一連の改正が完全施行されました。

この改正により、従来のグレーゾーン金利、みなし弁済規定が廃止されることになり、金融業者からの借金の金利は以前より下がることになりました。また、消費者が自分の返済能力を超える借入れをしてしまうことを防止するため、総量規制（16ページ）というルールも導入されています。

利息や遅延（ちえん）損害金（遅延利息）についてのルールは出資法や利息制限法で定められています。利息の上限や刑事罰を定めることで、消費者が不当に重い利息の支払を迫られることを予防しています。

◆ 金銭の借入れやローンの設定をめぐる法律

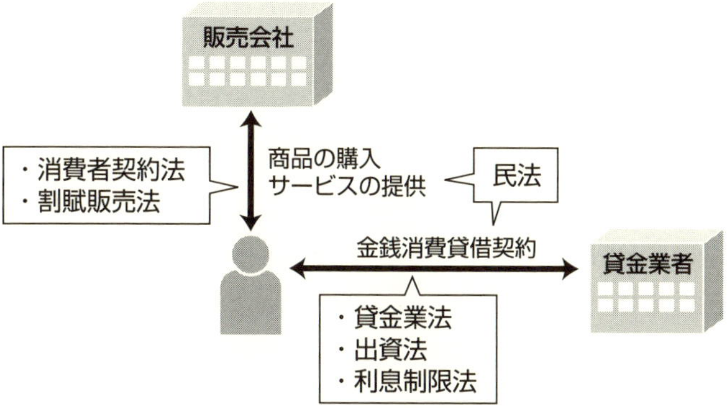

2 どんな契約形態なのか

クレジット契約は三者間の契約となる

金銭消費貸借契約とは

消費貸借契約とは、金銭その他の物を借り受け、借りた物そのものではなく、後にこれと同種、同等、同量の物を返還する契約です。

契約を結ぶ際には、通常「金銭消費貸借契約書」、「借用証書」、「念書」などの書類を作成します。

返済期について期限を定めているときは、借主は期限に返済しなければなりません。期限の定めがないときは、借主はいつでも返還できますが、貸主の方は相当の期間を定めて返還を請求できます。

保証契約とは

保証は、本来の債務（これを「主たる債務」と呼びます）が返済されない場合に、債権者が保証人に保証債務（主債務者に代わって返済するという債務）を請求することで債権の回収を実現するものです。保証をする場合には、債権者と保証人の間で契約を結ぶ必要があります（これを保証契約と呼びます）。保証契約は口頭だけでは成立せず、書面で締結する必要があります。

保証には、普通の保証と**連帯保証**とがあります。いずれも債務者が債務を履行できない場合に、債務者に代わって保証人が債務を履行する責任がある、という点では同じですが、連帯保証人の方がより重い責任を負うため、実務上は、連帯保証人を求められるのが一般的です。

抵当権設定契約とは

抵当権とは、貸金などの債権を担保するために、債務者の土地や建物に設定される権利です。債務者が債務を返済しない場合、抵当権者（＝債権者）は、抵当権設定者（＝債務者）の土地・建物を競売し、その売却代金から債権の回収を図ることになります。

実務上は、包括的な取引を担保する**根抵当権**を設定するケースが多いようです。

クレジット契約とは

割賦販売法は信用取引をいくつかの類型に分けて規制しています。このうち、消費者が商品の購入などをする際、信販会社などが商品代金を立て替えて販売店に支払い、消費者は信販会社からの請求により分割払いをする契約形態のことを一般的にクレジット契約といいます。債務者、販売会社、信販会社の三者が登場するのが特徴です。

クレジットカードを利用した取引の他に、商品の購入の際に個別にクレジット契約を結ぶ個別クレジット（ショッピング・ローン）という契約が認められています。

① クレジットカード

クレジットカードの限度額の範囲内で包括的に与信（信用を与えて代金の支払時期を商品などの引渡時期よりも遅らせること）が行われ、限度額の範囲内で商品の購入契約やサービスの提供契約を結び、後日、信販会社に代金を支払う契約です。割賦販売法ではこのような契約形態のことを**包括信用購入あっせん**と呼びます。

② 個別クレジット

包括信用購入あっせんと異なり、クレジットカードなどを使用せずに、車や宝石、呉服などの商品を買うたびに個別に契約し、与信を行う契約のことを個別クレジットといいます。この個別クレジットのことを指して「クレジット契約」と呼ぶこともあります。割賦販売法では、個別クレジットのことを、**個別信用購入あっせん**と呼びます。

◆ クレジット契約のしくみ

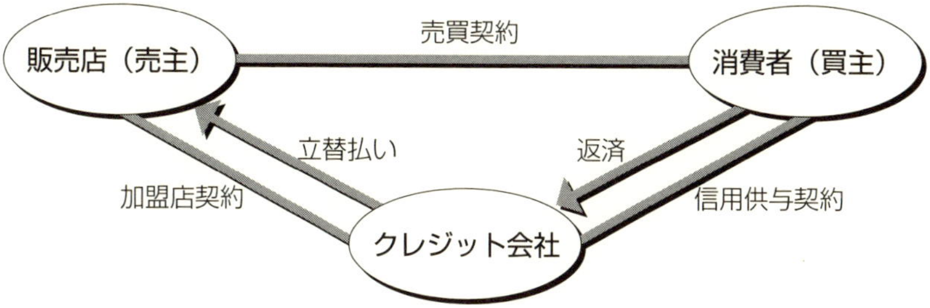

3 貸金業者から借金をするときのルールが変わった

新たに総量規制というルールが導入された

借入額と返済額を把握する

消費者金融など、貸金業者から金銭を借り入れる際、もっとも大切なことは借入額と返済額を正確に把握することです。

借主は一般的には立場が弱いので、貸主に言われるがままに弁済してしまい、その結果、本来支払わなくてもよい利息を支払ってしまうケースも多く存在してきました。特に以下で説明するグレーゾーン金利とみなし弁済規定は借金苦を生じさせる重要な問題として取り上げられてきました。

グレーゾーン金利の存在

利息の範囲や罰則について規定する代表的な法律として利息制限法と出資の受入れ、預り金及び金利等の取締りに関する法律（出資法）があります。

利息制限法は、以下のように、貸主がつけてもよい利息の上限を定めています（1条1項）。

・元本が10万円未満の場合は、年利20%まで
・元本が10万円以上100万円未満の場合は、年利18%まで
・元本が100万円以上の場合は、年利15%まで

利息制限法は、これらの制限に違反する部分（制限を超える部分）については無効である、としているので、利息制限法に定められた上限利率を超える利息を定めることはできません。

しかし、利息制限法の規定には罰則がありません。

一方、かつての出資法では、金融業者が年29.2％（閏年は年29.28%）を超える利息をとった場合、5年以下の懲役または1000万円以下の罰金（懲役と罰金の両方が科される場合もあります）に処されるという規定を置いていました。

そこで、消費者金融などは、これまで利息制限法の利率を超えるものの、出資法で規制された年29.2%の利率以下の利息を設定し、

刑罰を受けることなく、莫大な利益を上げてきたのです。現実には、消費者金融だけではなく多くの大手信販会社のキャッシングの金利でさえも、利息制限法の制限を超える高利を設定していました。

俗に「グレーゾーン」「グレーゾーン金利」などと呼ばれているのは、この利息制限法の利率を超え、年29.2%以下で設定されている利率のことです。

みなし弁済規定とは

貸金業のルールを規定していた、かつての貸金業規制法には、「利息制限法の上限利率を超える利息を債務者が貸金業者に任意に支払い、各種の要件を満たしている場合には、当該超過部分の支払いは、有効な利息の弁済とみなす」という規定があります。この規定を、通常、みなし弁済規定と呼びます。

みなし弁済規定は、利息制限法の上限利率（前ページ）を超える利息であっても、要件を満たしていれば、貸金業者は、利息制限法所定の利息の超過部分を含めて全部の利息を受け取ることができるという制度でした。

みなし弁済規定が適用されるためには下図に掲げた要件をすべて満たさなければなりませんが、貸金業者の中には、この条件を満たしているとして、みなし弁済の適用を訴訟の中で主張し、適用が認められる業者もありました。

◆ みなし弁済規定を適用するための要件

1	**貸主が貸金業登録業者であること** 例「都知事・・・」などの看板が店内に掲示してある
2	**借主が返済金を「利息」と認識して支払ったこと** たとえば、返済金が利息なのか、元本に対して支払ったのかを借主自身が意思表示した場合に限られる
3	**契約するときに、貸金業規制法17条の要件をすべて満たす書面を借主に交付している** 「貸金業者の商号、名称または氏名及び住所」「契約年月日」など、すべて記載した書面を交付している
4	**弁済をするときに、貸金業規制法18条の要件をすべて満たす書面を借主に交付している** 「貸金業者の商号、名称または氏名及び住所」「契約年月日」など、すべて記載した書面を弁済のつど、交付している

貸金業法の改正

グレーゾーン金利やみなし弁済規定の存在により、多重債務の問題が深刻化したことから、平成18年12月、貸金業法（かつての貸金業規制法）、出資法、利息制限法が改正されました。

貸金業法の改正により、貸金業者からの借りれのルールが大きく変わりました。借り手（債務者）にとって重要な主な改正内容としては以下のものがあります。

グレーゾーン金利の改正

貸金業者に対する出資法の上限利率が年20%まで下げられることになりました。年20%を超える割合の利息を受け取る契約をすると、5年以下の懲役または1,000万円以下の罰金に処せられることになります（併科もあります）。

これによって、グレーゾーン金利もほぼ廃止されることになったといえます。「ほぼ」というのは、利息制限法の上限利率は、現在のまま変わらないからです。つまり、元本が10万円未満の場合は、出資法の上限利率も利息制限法の上限利率も年20%ですので、グレーゾーンは存在しませんが、元本が10万円以上100万円未満の場合、利息制限法の上限利率は年18%であり、元本が100万円以上の場合は年15%ですので、これらの利率と年20%の間にグレーゾーンが存在することになります。

みなし弁済規定の廃止

みなし弁済が認められていたために、利息制限法の上限を超える利息を支払う消費者も多く、多重債務を生む要因とも指摘されていました。

実務上も、平成18年の最高裁判決の判決により、実質的に、貸金業者がみなし弁済の適用を受けることは不可能になっていました。そのため、貸金業法の改正が完全施行された平成22年6月にみなし弁済規定は廃止されました。

総量規制の導入

債務者の支払能力を超える貸付を防止するため、債務者の年収の3分の1を超える貸付が禁止されることになりました（平成22年6月施行）。

たとえば、借入申込者の年収が

450万円であるとして、その人がすでに他社から100万円を借りている場合、50万円しか貸し付けることができなくなります。ただし、この規制は貸金業者による貸付を禁止するものであり、銀行など貸金業者ではないところからの借入れは含まれません。

総量規制は過重な借入れを防ぐことを目的にした制度です。ただ、総量規制の導入により「収入のない専業主婦が金銭を借り入れるのが難しくなる」「資金の借入れが困難になった企業の倒産が増える」という問題も生じています。

◆ 出資法と利息制限法のしくみ

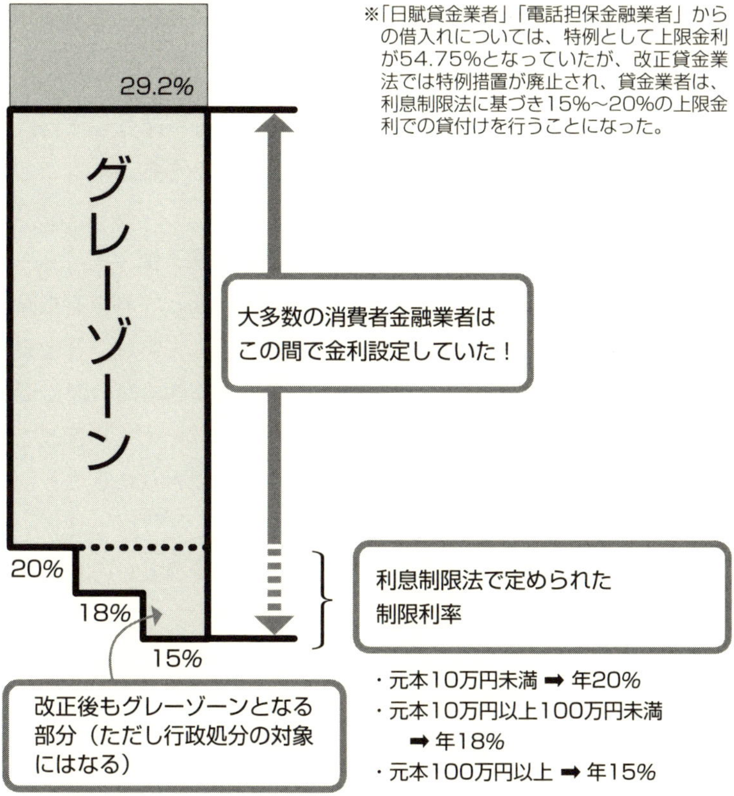

※「日賦貸金業者」「電話担保金融業者」からの借入れについては、特例として上限金利が54.75%となっていたが、改正貸金業法では特例措置が廃止され、貸金業者は、利息制限法に基づき15%～20%の上限金利での貸付けを行うことになった。

・元本10万円未満 ➡ 年20%
・元本10万円以上100万円未満 ➡ 年18%
・元本100万円以上 ➡ 年15%

指定信用情報機関への情報提供

平成21年６月には指定信用情報機関制度が創設されました。これは、貸金業者に、個人顧客への貸付の契約にあたって、返済能力などを調査するために、内閣総理大臣が指定した信用情報機関の利用を義務づけるという制度です。

債務者に対する過剰な貸付けを防止するためには、貸し手である貸金業者が債務者の返済能力やこれまでの返済状況を正確に把握することが必要です。そのため、貸付けにあたっては信用情報機関が保有する情報を使用した返済能力などの調査が行われた上で、貸付けが行われることになります。

ただ、指定信用情報機関が情報を保有するためには貸金業者から情報の提供を受ける必要があります。そのため、借主は、金銭の借入れの際に貸金業者から「個人情報を指定信用情報機関に提供する」旨の同意を求められることになります。

書面の交付義務の拡充

平成18年の貸金業法の改正により、債務者や保証人に対して交付される貸付契約や保証契約の書面の交付義務がより拡充されました。

①　契約締結前の書面の交付

かつては保証人と保証契約を結ぶ場合を除いて契約締結前の時点では、貸金業者に書面を交付する義務はありませんでした。

しかし、貸金業法の改正により、貸付契約を行う場合には、契約前に債務者や保証人に対して事前に書面を交付することが義務づけられました。

債務者（借り手）としては、借入れ前に書面を確認して返済条件や借入額などを確認することができます。

②　書面の電子化

書面というといわゆる紙媒体の文書を意味しますが、貸金業法の改正より、契約締結の際に受け取る書面の一部をメールなどで交付することも認められることになりました。

ただし、債務者が同意しない場合には、メールによる交付は認められませんので、紙文書での交付の方が安心だという場合には、その旨を伝えるのがよいでしょう。

4 引直し計算をすると借金が減る

借金がゼロになって過払金が発生するケースもある

引直し計算後の債務額が基本になる

引直し計算とは、要するに、取引を利息制限法の利率で計算し直し、利息の利息制限法を超える部分を元金への返済に充てていくことです。

16ページで述べたとおり、平成22年6月施行の貸金業法の改正により、従来のグレーゾーン金利とみなし弁済規定は撤廃されましたが、貸金業法が改正されたとしても、過去の取引についても利息制限法の範囲内の金利に変更される訳ではないので、平成22年6月17日以前の借入れについては引き直し計算をする必要性は残っています。

この計算により、約定利率（貸金業者と契約した利率）が高ければ高いほど、また取引期間が長ければ長いほど借金額が減り、場合によっては、債務額がゼロになった後も返済をしていたために、過払金が発生していることもあります。

例として、次のような場合を見ていきましょう。Xさんは一人暮らしで、月収は手取15万円、ボーナスはなく、財産もほとんどありません。Xさんは、最初、生活費を補うために消費者金融から数万円を借りたのに始まって、やがては借金を返すために他から借り入れるようになって、今では10社に合計500万円の借金があります。Xさんの返済可能額はどうがんばっても月に5万円だとした場合、500万円の借金はとうてい返せず、支払不能といえますから、Xさんは破産するしかないと思いました。

しかし、10社すべてグレーゾーン金利（16ページ）をとっており、Xさんはこれらの会社すべてと10年以上休みなく（一度も完済することなく）取引しているのです。この場合、Xさんの各社との取引を引直し計算すると、すべて過払いになっている可能性があります。つまり、Xさんには借金はなく、「破産できない」というより「破産する必要はない」ということになります。

利息制限法にしたがって、引き直し計算をしてみよう

引直し計算で借金が減るしくみと引直し計算の仕方をごく簡単に見ていくことにしましょう。

まず、利息額は次の計算式によって求めることができます。

利息額＝元金（借入残高）×利率÷365×日数（閏年以外の場合）

利息額＝元金（借入残高）×利率÷366×日数（閏年の場合）

なお、「年365日計算」といい、閏年であっても、

利息額＝元金（借入残高）×利率÷365×日数

で計算する方法もあります。この方法をとると、閏年には、平年（閏年以外の年）より多くの利息をとれるため、多くの消費者金融などがこの計算方法での契約をしています。ここではあくまでも上の閏年を考慮した計算方法を採用することにします。

消費者金融A社から、平成14年1月1日に年29％の利率で50万円を借り入れ、平成15年から平成19年まで毎年1月1日に145,000円を返済してきたとします。すると、年29％の利率では、何年経っても元金は50万円のままです（表1）。

50万円を年29％の利率で借り入れた場合、1年間の利息は、以下のようになります。

50万円×0.29÷365×365＝145,000円

または

50万円×0.29÷366×366＝145,000円

ですから、145,000円を超える額を返済しない限りは元金が減らないということがわかると思います。

この借入れと返済を、元本50万円の場合の利息制限法の上限金利年18％で引き直し計算をしたものが、次ページの表2です。

まず、平成15年1月1日までの利息の額は、

50万円×0.18÷365×365＝90,000円

となります。これに対し、平成15年1月1日には145,000円を払っていますから、145,000－90,000円＝55,000円が元金の弁済に充てられ、この時点での元金は、

500,000円　－55,000円　＝445,000円

となります（下表2の①）。

これ以降の計算については、こ

の445,000円が元金となります。次の弁済日である平成16年１月１日までの利息の額は、

445,000円×0.18÷365×365＝80,100円

です。

これに対し、この日、145,000円を返済していますので、145,000円－80,100円＝64,900円が元金の弁済に充てられ、この時点での元金は、445,000円－64,900円＝380,100円となり、以後これが元金となります（下表２の②）。

こうして計算していった結果、平成19年１月１日に145,000円を返済した時点での引直し後の残債務額は、106,518円となるのです。

◆ 引き直し前と引き直し計算後

表1　引き直し前

年 月 日	借入金額	弁済額	日数	利率	利息	元金返済額	残元金
平成14.1.1	500,000						500,000
平成15.1.1		145,000	365	0.29	145,000	0	500,000
平成16.1.1		145,000	365	0.29	145,000	0	500,000
平成17.1.1		145,000	366	0.29	145,000	0	500,000
平成18.1.1		145,000	365	0.29	145,000	0	500,000
平成19.1.1		145,000	365	0.29	145,000	0	500,000

表2　引き直し計算後

年 月 日	借入金額	弁済額	日数	利率	利息	元金返済額	残元金	
平成14.1.1	500,000						500,000	
平成15.1.1		145,000	365	0.18	90,000	55,000	445,000	………①
平成16.1.1		145,000	365	0.18	80,100	64,900	380,100	………②
平成17.1.1		145,000	366	0.18	68,418	76,582	303,518	
平成18.1.1		145,000	365	0.18	54,633	90,367	213,151	
平成19.1.1		145,000	365	0.18	38,367	106,633	106,518	

5 過払金返還訴訟をする

利息制限法を超える利息分を取り戻す

払い過ぎた分は返還請求できる

利息制限法の制限を超える高利の借金を、長い間返済し続けていたところ、利息制限法に従って計算し直すと、すでに完済していてさらに過払いになっていることがあります。

また、任意整理（裁判所などを利用しない債権者と債務者の私的な借金整理）や特定調停（簡易裁判所で調停委員などを仲介者として、債権者と借金の返済について決める借金整理）などで借金整理をする場合には、利息は、原則として利息制限法に従って計算し直されます。

その場合にも、すでに借金の返済は終わっていて、払い過ぎになっていることが明らかになることがあります。

こういう場合には、借主は貸主に対し、払い過ぎになっている分を返してくれ、と請求できます。というのは、利息制限法の制限を超える利息は、法律上は無効で、貸主としてはその分を懐に入れてしまう権利はないからです。過払い分は、貸主にとっては法律上の原因がない利得（これを不当利得といいます）ですから、借主は貸主に対して、不当利得を返還せよ、と請求できるわけです。

このように、過払いになっている債務者は、借金整理をして借金を減らすどころか、逆に、過払い分を貸主から取り戻すこともできるのです。19ページでも述べましたが、平成22年６月17日以前の借入れについては、依然として過払いになっている可能性がありますので、注意する必要があります。

過払金請求と訴訟

過払金を請求しても金融業者が利用者の要求どおりに過払金を返還してくれないような場合には、訴訟を提起することになります。訴訟を決意したら、まずは訴状を作成します。訴状を裁判所に提出する際には、借入時の契約書や金融業者が開示した取引経過の書類、引き直し計算の書類、場合によっては、過払金返還請求書の写しなどを資料として添付します。

過払金返還請求訴訟は、自分の過払金が発生している消費者金融業者を被告として提起します。複数の消費者金融業者について過払金が発生している場合、ひとつの訴状で、複数の業者に対して訴えを提起することもできますが、これはやめたほうがよいでしょう。ひとつには、この方式だと、個別に訴えを提起する場合よりも、訴状への記載方法がかなり複雑になってしまうからです。

また、複数の業者に対してひとつの訴状で訴えを提起することを嫌がる裁判所や裁判官も少なくありません。

訴えを提起する場合、どの裁判所に提起すべきかという確認も重要です。過払金の元金が140万円以下であれば、簡易裁判所に提起します。この場合、過払利息を加えた金額が140万円を超えていたとしても、元金が140万円以下であれば、簡易裁判所に提起すべき、ということに注意してください。過払金の元金が140万円を超えた場合には、地方裁判所に提起します。

◆ 過払請求訴訟の流れ

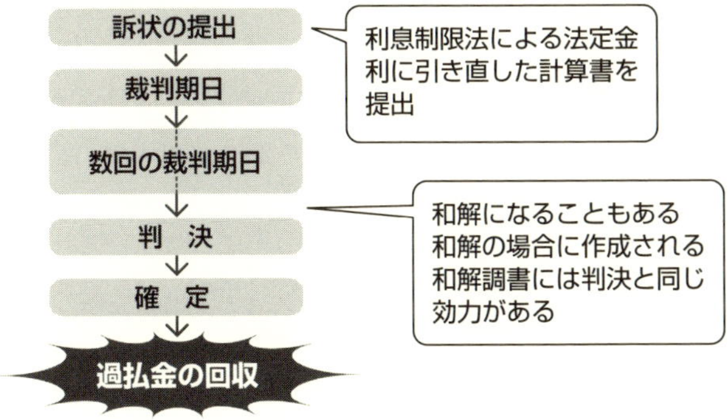

訴状の提出
裁判期日
数回の裁判期日
判　決
確　定
過払金の回収
利息制限法による法定金利に引き直した計算書を提出
和解になることもある
和解の場合に作成される和解調書には判決と同じ効力がある

6 いざというときに相談する場所を知っておく

困ったら専門家に相談しよう

どこに相談するか

借金の返済のために消費者金融などから借金をし、その借金が雪だるま式に増えていくような状況になった場合、できるだけ早く、しかるべきところで相談してみるとよいでしょう。相談先としては、弁護士、司法書士に頼むとよいでしょう。

①　弁護士に相談する

借金で苦しんでいる場合には、弁護士に相談する方法もあります。

弁護士に借金整理を頼むと、弁護士からの受任通知が債権者に送られ、債権者の取立てが止まります。その後は、弁護士が交渉をしてくれるので、債務者としても安心できます。

おおよその費用は以下のようになっています。

・任意整理（債権者との話し合いで、借金を整理する方法）

着手金として、債権者一人につき、３万円から５万円程度（通常は着手金２万1,000円、報酬金２万1,000円で合計４万2,000円）が必要です。また、交渉により減額された借金額の10％程度を成功報酬として支払うことが多いようです。

・個人民事再生

着手金として、債権者数などにもよりますが、20万円～30万円程度必要なことが多いでしょう。再生計画が認められれば10万円～20万円の成功報酬を支払うことになります。

・破産

着手金として、20万円～30万円が必要となることが多いでしょう。免責が認められれば、10万円～20万円の成功報酬を支払わなければならない場合もありますが、成功報酬は不要のケースも多いようです。

弁護士の探し方としては、主に人づてで紹介してもらう、各地の弁護士会で紹介してもらう、といった方法があります。

②　司法書士に相談する

司法書士の中にも債務整理の専門家といえる人、借金問題についての頼れる相談相手といえる人が多くいます。とくに認定司法書士の多くは債務整理を手がけており、認定司法書士が債権者に受任通知を送ると債権者の取立てが止まります。

認定司法書士とは、司法書士のうち、一定の研修を受けて試験に合格し、かつ簡易裁判所で訴額が140万円以下の範囲で訴訟代理人となれる人のことです。また、140万円の範囲内で、任意整理をすることもできます。

なお、破産手続開始申立てや個人民事再生の手続開始申立てについては、司法書士は代理人とはなれず、書類作成ができるのみです。書類作成は、認定司法書士ではない司法書士も行うことができます。

おおよその費用は以下のようになります。

・任意整理

着手金として、１社につき、２万円～３万円、成功報酬は、交渉により減額された借金額の10％程度ということが多いようです。

・個人民事再生

書類作成報酬は、住宅ローンに関する特則（住宅資金貸付債権に関する特則）の適用を受けない場合で、20万円弱～30万円程度です。債権者数などによっては増額されることがあります。

・破産

◆ 相談先にはどんなところがあるのか

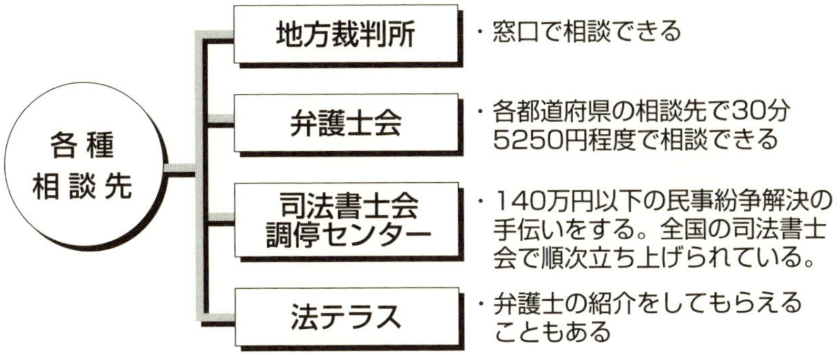
各種
相談先
地方裁判所
・窓口で相談できる
弁護士会
・各都道府県の相談先で30分
5250円程度で相談できる
司法書士会
調停センター
・140万円以下の民事紛争解決の
手伝いをする。全国の司法書士
会で順次立ち上げられている。
法テラス
・弁護士の紹介をしてもらえる
こともある

書類作成報酬は、12万円～20万円程度です。ただ、債権者数や事案が複雑な場合、一定額が増額されることもあります。

司法書士に依頼をする場合には、全国にある司法書士会に連絡をするとよいでしょう。

上記の報酬などはあくまでも例であり、弁護士、司法書士によって報酬体系は千差万別です。弁護士よりも高い報酬体系の司法書士もいます。結局は、依頼しようとする弁護士、司法書士に報酬体系を問い合わせるしかありません。

法テラスを活用する

法テラス（日本司法支援センター）に、電話または面談で相談するというのもひとつの方法です。ただ、注意したいのは、法テラスにいきなり電話したり、法テラスの事務所を訪ねていったりしても、通常、「法律相談」をすることはできず、相談内容に応じて、弁護士会、司法書士会などを紹介してもらえるにすぎません（法テラスでは、原則として個々の弁護士、司法書士を紹介することはなく、「弁護士会」または「司法書士会」を紹介します）。したがって、弁護士または司法書士に依頼したいと思っているのであれば、直接、弁護士会または司法書士会に連絡したほうが早いでしょう。

ただし、法テラスの事務所によっては、予約制で、収入・財産が一定基準以下の人々を対象に弁護士または司法書士による無料法律相談（正確には、民事法律扶助を使った法律相談）を行っている場合があります。

また、収入・財産が一定基準以下であれば、債務整理、個人再生、破産などの弁護士・司法書士費用を法テラスが立て替える制度もあります。

詳しくは、法テラスに問い合わせてみてください（法テラス　電話コールセンター 0570-078374)。

7 どんな債務整理法があるのか

自己破産は最後の手段である

任意整理で借金を減らす

裁判所などでの法的な手続を利用しないで、債権者と直接に交渉し、利息のカットや返済方法の変更などを交渉することを任意整理といいます（30ページ）。普通は、弁護士や簡裁代理権を持つ司法書士（認定司法書士）に依頼して、債権者と交渉してもらいます。弁護士や認定司法書士が介入すれば、それまでのうるさい取立ても止まります。借金も利息制限法の制限内に計算し直されますから借金の減額効果という点では後述する特定調停とほぼ同じです。

ただ、一般的にいえば、任意整理はプロが交渉しますので、特定調停（33ページ）の場合よりも債務者にとって有利な結果が得られる傾向があります。

特定調停で借金を減額してもらう

返済に行き詰まった債務者が、破産してしまう前に生活の立て直しを図れるように返済方法や借金・利息の減額などを債権者と話し合う手続です。簡易裁判所に申し立てます。調停する相手（債権者）についても「商工ローンだけ」とか「消費者金融だけ」というように、自分で選ぶことができます。実際、特定調停を申し立てる人の主張は、消費者金融や商工ローンを相手に、「高い利息を利息制限法所定の制限内に圧縮してほしい」、とか、「取引開始から今までに払った分を、利息制限法所定の制限利率に引き直して計算し、払いすぎた分を元金に充当してくれ」、とか、「今後の返済方法について、利息をカットするか、長期分割返済にしてほしい」、というようなものがほとんどです。

そして、調停の申立てがなされると多くの場合、利息制限法の制限内で債務を組み直されて、長期分割返済にも応じてもらえます。

商工ローンや消費者金融から長期間借り続けているような人だと、

利息制限法による制限利率と実際の金利との差が大きいために、制限利率で再計算すれば、すでに債務が半分以下、場合によってはゼロに近くなっているというケースが多数あります。

個人民事再生手続を利用する

大企業の債務整理についても、最近よく利用されているのが民事再生法による民事再生手続です。この手続は、債務者が破産してしまう前の再起・再建を可能にするための手続です。民事再生手続は、個人から大企業まで利用できる手続ですが、通常の民事再生手続とは別に個人向けの民事再生手続（個人民事再生）がありますので、会社などの再建以外の個人の場合にはこれを利用する事を考えてみるとよいでしょう。

個人民事再生の手続は、簡単にいうと以下の点を目的としています。

① 既存債務の一部を支払って、残りは免除する。

② 残った債務は、収入の範囲内で再生計画にしたがって、原則３年以内に支払う。

③ 従来行っていた商売や、生活に不可欠な住宅などの資産を債務者の手元に残せるようにする。

この手続の対象者は、継続的で安定的な収入が見込める小規模な事業者や会社員などで、無担保の借金が総額5,000万円を超えていない債務者です。

破産寸前の人であっても、この手続をうまく利用すれば、自宅を失わずに、借金を大幅に減らすことができます。ただ、手続きが厳格で１人で申し立てることが難しいことや、ある程度の収入がないと認められないことを考慮しておかなければなりません。

最後は破産も検討する

任意整理、特定調停、個人民事再生による債務整理を検討したけれども、どうしても借金を返すことができない、という場合には、破産を考えるしかありません。破産とは、簡単にいえば、借金を返せない状態であるということを裁判所に認定してもらう制度です。

また、裁判所から免責許可の決定を出してもらうことで、借金の支払義務を免れます。

ただ、弁護士や公認会計士などの一定の資格については、免責決定が確定するまでその資格を使った仕事ができなくなりますので、注意が必要です。

◆ 債務整理のしくみ

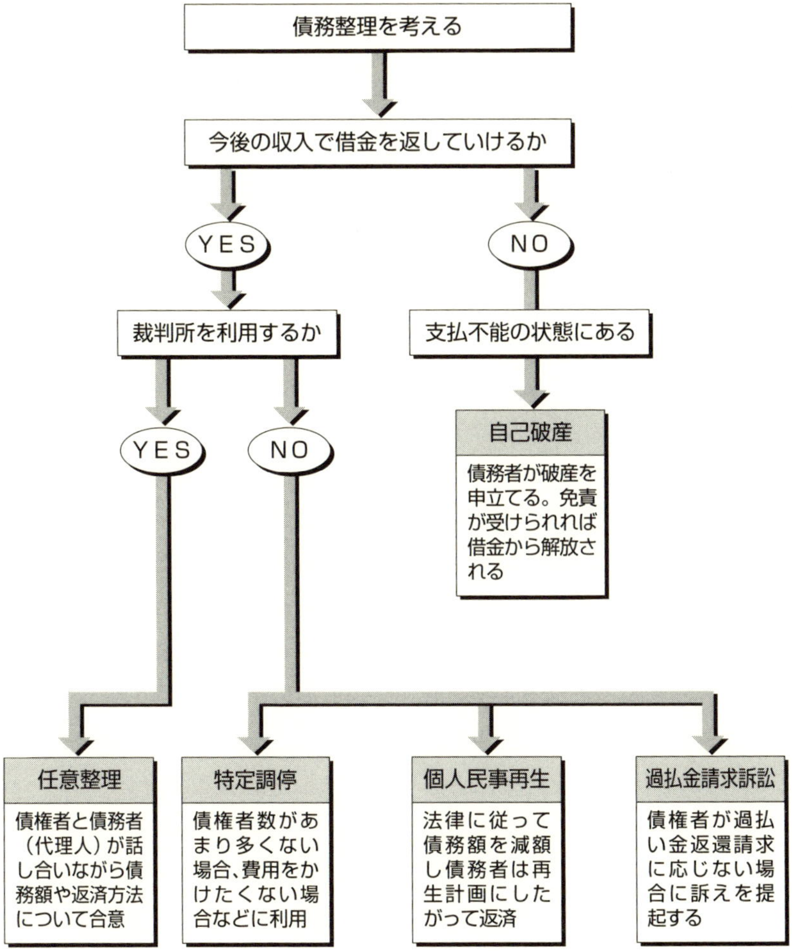
債務整理を考える
今後の収入で借金を返していけるか
YES
NO
裁判所を利用するか
支払不能の状態にある
YES
NO
自己破産
債務者が破産を申立てる。免責が受けられれば借金から解放される
任意整理
債権者と債務者（代理人）が話し合いながら債務額や返済方法について合意
特定調停
債権者数があまり多くない場合、費用をかけたくない場合などに利用
個人民事再生
法律に従って債務額を減額し債務者は再生計画にしたがって返済
過払金請求訴訟
債権者が過払い金返還請求に応じない場合に訴えを提起する

8 任意整理の手続の流れはこうなっている

債務額、返済方法を検討し、提案する

だいたいの流れは決まっている

任意整理は、弁護士や認定司法書士などの専門家に依頼することが多いので、債務者本人が任意整理の手続きの流れを詳しく知っておく必要はありませんが、だいたいの流れを知っておけば、進捗状況などを問い合わせたりする場合に役立つでしょう。

任意整理には、決まった手順や書面はありませんが、実際には、以下のような流れで進んでいきます。

① 弁護士や認定司法書士が受任通知を債権者に発送する。なお、受任通知は債務整理開始通知、法的処理開始通知などともいう。

② 債権者から届いた債権届・取引履歴明細書・債権調査明細票などをもとに債務額を把握する（利息制限法の制限利率による引直し計算が必要な場合は、引直し計算をする）。

③ 返済方法を検討し、債権者に和解案を提示する。

④ 債権者と交渉し、合意に至れば和解書、示談書を作成する。

⑤ 和解内容にしたがって弁済する。

なお、弁護士や認定司法書士が債権者に受任通知を発送して、それが債権者に届いてからは、支払いをストップしても、貸金業者は債務者本人に請求してはならないとされています。

具体的な交渉内容について

任意整理では、まず借金をどれくらい減額させるかという交渉が重要です。借金の減額については、①元金の減額、②利息・遅延損害金の減額の２種類があります。通常、元金については、利率が利息制限法の制限利率以下の場合は減額するのが非常に難しいといえます（ただし、一括弁済の場合には減額に応じる業者もいます）。利率が利息制限法を超えている場合は、引直し計算をした元金額を債権者に主張します。現在ではほとんどの債権者が引直し後の債権額を受け入れています。利息・損害

金については、最終の取引以後の利息・損害金はすべてカットするというのが理想です。

債権者によっては遅延損害金などを上乗せすることを主張してくることがあります。これをどれくらいカットするかが、ひとつの腕の見せどころといえます。

また、返済方法についてですが、一括弁済の場合、特に問題になることはありません。債務者が分割でしか返せない場合、一括弁済を要求してくる債権者に対してどうやって分割弁済を認めさせるか、返済期間が長すぎるという債権者に対して、どうやって自分の提案した回数での弁済を認めさせるか、が交渉のポイントになります。

債権者の合意が必要条件となる

任意整理では、弁護士や認定司法書士などの専門家が作成した和解案を債権者に提示し、順々に債権者と交渉をまとめていくことになりますが、交渉期間だけでも、1～6か月程度はかかると考えておいた方がよいでしょう。すべての債権者との合意に達してから、すべての債権者と和解書のやりとりをするのが理想的ですが、債権者が多い場合などには、順次和解していかざるを得ないこともあります。場合によっては、ほとんどの債権者と和解したのに、交渉が難航している債権者1社との和解だけ時間がかかるということもあります。

◆ 任意整理の流れ

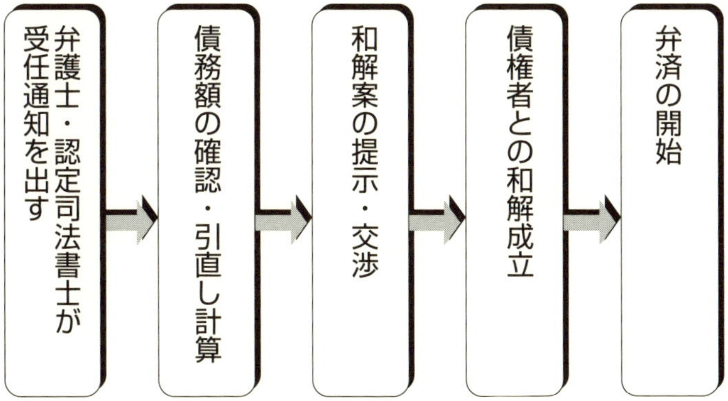

任意整理での和解には、債権者の合意が必要ですから、話がまとまらないこともあります。そのときには、任意整理をあきらめて、自己破産や個人民事再生など他の借金整理の方法を選択するしかない場合もあるでしょう。

なお、和解が成立しても、それで任意整理が終わるわけではありません。ここから任意整理の第2段階がはじまります。具体的には、和解書に定められた内容を誠実に履行しなければなりません。

自分で弁済するか、弁護士や認定司法書士に代行を頼むか

分割弁済で和解した場合、通常、債権者の口座に毎月振り込んで弁済します。債務者が自分で振り込む場合と弁護士や認定司法書士に振込みを代行してもらう場合があります。これについては、代理人の弁護士や認定司法書士がどちらにするか方針を決めている場合もありますし、債務者にどちらにするかまかせる場合もあります。通常、弁済を代行してもらう場合には手数料がかかります。自分で弁済する場合には銀行などの振込手数料だけですみますが、債権者が多い場合には毎月の振込みが大変です。

任意整理は、支払い終えてはじめて真に完了します。自分で弁済するか、弁護士や認定司法書士にまかせるか、これについても依頼した弁護士や認定司法書士とよく相談して決めることをおすすめします。自分で振り込む場合には、返済計画にしたがって計画的に返済していくことになります。

費用について

任意整理を専門家に依頼すれば、それなりの費用がかかります。費用は各弁護士・認定司法書士により異なります。費用が心配な場合はあらかじめ費用を確認してから依頼したほうがよいでしょう。

9 特定調停を申し立ててみよう

申立手数料が安く、手続きが柔軟でスピーディなのが特徴

特定調停で借金を整理する

任意整理は専門家にまかせるのが基本ですが、まかせると当然ながら報酬などの費用が発生します。そうした費用を払えないという人は、簡易裁判所で行われる特定調停の制度を利用するとよいでしょう。この制度を利用すれば、通常、債権者1社（人）あたり、申立印紙代と切手代あわせて1,000円程度の費用の程度で、債務が整理できます。

特定調停で得られる結果は、任意整理の場合と非常によく似ています。利率が利息制限法を超えている場合はこれを引き直し、一括で払えなければ分割払いとします。ただ、過払いとなっている場合、特定調停の手続きの中で、過払金返還請求をすることはできず、別途、自分で請求したり、訴訟を起こすことが必要です（任意整理の場合は、通常、代理人である弁護士や司法書士などが過払金返還請求もします）。

また、特定調停成立後の調停調書は、訴訟の場合の確定判決と同じ効力を持ちますので、調停後の弁済が滞ると、調停調書をもとに給与差押えなどの強制執行を受けることがあります（任意整理の場合は、通常いきなり強制執行をすることはできません）。

特定調停は１人でもできる

特定調停とは、簡単にいえば、簡易裁判所で、調停委員や裁判官を仲介者として、債権者と話し合って債務額や債務の弁済方法を決めるという債務整理方法です。なお、専門家を代理人として特定調停を申し立てることもできますが、そうすると報酬などの費用がかかります。そうしたことから、特定調停は債務者本人が申し立てる場合が多いようです。

特定調停を申し立てると、調停期日が指定され、債権者と交渉することになります。調停委員などが仲介をしますので、通常、債務

者が直接債権者と交渉することはありません。交渉がまとまれば、その内容を調停調書に記載して、終了します。話がまとまらなければ、調停は成立しないまま終了しますが、場合によっては、裁判官が「民事調停法17条による決定」というものを出すこともあります。この決定により当事者間に合意が成立したものとみなされます。

どのように進むのか

特定調停を申し立てるには、まず、申立書に記入し、住民票、給与明細3か月分、印鑑とともに簡易裁判所へ持参し提出します。すると後日、債務者（借り手）には第1回の特定調停期日の呼出状、貸金業者には、取引経過の照会状が発送されます。第1回の期日は申立てから約2～4週間後です。その日には、債務者のみが裁判所に出頭します。そして調停委員が、債務者の毎月の収入と、固定的な支出（家賃、水道光熱費、食費など）を聞き、借金の減額交渉をすれば月々返済していける状態なのかどうか審査をします。調停をしても月々の返済ができる見込みがないと判断されると、調停は取り下げられることになります。

申立書を作成する

特定調停は、原則として相手方（債権者）の住所や営業所などを管轄する簡易裁判所に申し立てます。相手方がいくつも営業所をもっているような場合は、本店（本社）ではなく実際に取引をした営業所の所在地を管轄する簡易裁判所に申し立てます。相手方が複数で管轄裁判所がバラバラの場合であっても、すべての特定調停事件についてどれかひとつの裁判所に申し立てることができます。

申立ての際に提出する調停申立書は、相手方が複数の場合は、相手方ごとに作成しなければなりません。

特定調停の申立書には、「特定調停手続きにより調停を行うことを求めます」という文言を記載しなければなりません。この文章は、申立書の上のほうに書いてもかまいませんし、「申立ての趣旨」のところに書いてもよいでしょう。この文言がないと、借金整理を目的とした特定調停事件として取り扱ってもらえない可能性があります。

「申立ての趣旨」欄には、通常、「債務額を確定した上、債務支払方法を協定したい」と書きます。

添付資料をそろえる

申立てをする際には、申立書とともに、原則として、①財産状況を示すべき明細書、②特定債務者であることを明らかにする資料、③関係権利者一覧表、を提出します。

①、②の資料としては、申立人が給与所得者の場合には、申立人の資産・借金その他の財産状況がわかる資料、職業・収入・生活状況がわかる資料などがこれにあたります。申立人が事業者の場合には、登記事項証明書や家計簿、契約書・領収書、損益計算書・貸借対照表・資金繰表・事業計画書などの事業内容・損益・資金繰りなどの状況がわかる資料が必要です。

③には、すべての関係権利者・担保権者の住所・氏名・債権の種類や発生年月日を記載します。社会保険料や国税・地方税については、特定調停の対象になりませんから、一覧表に記載する必要はありません。

申立て費用について

申立てに際しては、手数料（収入印紙代）と予納郵券（切手）を納める必要があります。手数料は、申立書１件につき500円となっています。

◆ 特定調停の手続きの流れ

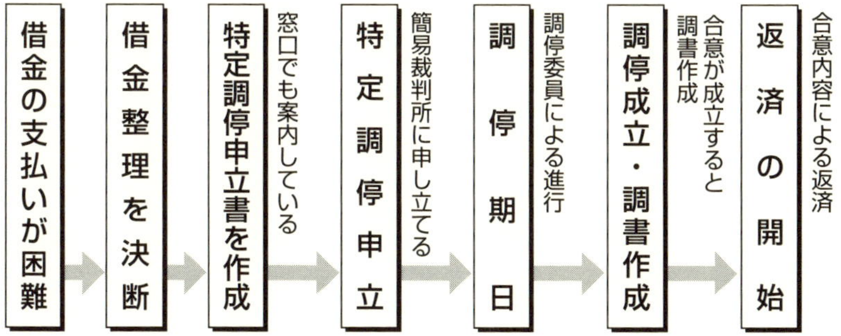

10 個人民事再生には３つの大きな柱がある

個人事業主から会社員まで幅広く活用できる制度

個人民事再生にもいろいろある

個人民事再生は、①小規模個人再生、②給与所得者等再生、③住宅資金貸付債権（住宅ローン）に関する特則、という３つの柱によって成り立っています。

このうち、小規模個人再生と給与所得者等再生は、住宅ローンなどを除いた無担保の借金が5,000万円までの場合に利用できる手続です。債務額が5,000万円を超えていたり、後述する一定の要件を満たさない場合には、この手続は利用できません。どちらの手続も、個人だけが利用できます。

住宅ローンに関する特則については、小規模個人再生または給与所得者等再生の再生計画案に住宅資金特別条項を定める形で利用します。簡単に各制度のしくみを見ておきましょう。

小規模個人再生について

この手続は、個人で商売をしている場合のように、継続的または反復的に収入を得る見込みがあって、債務総額が5,000万円を超えない個人が利用できます。ここでいう債務総額は、住宅ローンなどを除いた無担保の借金をいいます。たとえば、借金総額が7,000万円あっても、そのうち2,500万円分に抵当権が設定されている場合には、この手続の対象になります。

小規模個人再生では、３年間（特別な事情があれば５年間）で弁済するのが原則です。また、再生計画の認可決定には、債権者の書面による決議が必要になります。

給与所得者等再生とは

会社員のように、給与などの定期的な収入が見込め、その金額の変動幅が少なく、債務額が5,000万円を超えない個人であれば、給与所得者等再生が利用できます。

この手続では、再生計画案を提出する前２年間の可処分所得額を３年間で弁済するのが原則です。**可処分所得**というのは、収入額から生活維持費の額（その算定方法は政令によって定められています）を差し引いた額のことです。再生計画の決定には債権者の決議は不要です。可処分所得の算定方法について知りたい場合には162ページ以下を参照して下さい。

住宅ローンに関する特則とは

いわゆる住宅ローンを抱えた債務者が返済に窮するようになった場合でも、住宅ローンについては従来どおり返済するか、返済スケジュールを組み直すなどしてローンの支払いを継続すれば、一度手に入れた住宅を失わずに再生できる、という制度です。この手続は、通常の民事再生でも、個人民事再生でも、民事再生手続を申し立てた人であれば、すべての人が利用できます。また、住宅ローン以外には借金のない人でも利用できます。

再生計画の中で住宅ローンの弁済方法を組み直し、再生手続きの認可要件を満たせば、その後は変更された内容のローンを弁済することになります。

◆ 個人民事再生のしくみ

小規模個人再生

自営業者などで、継続・反復した収入のある債務者が対象

給与所得者等再生

会社員のように給与等に変動がなく、定期的な収入が見込める債務者が対象

住宅資金貸付債権（住宅ローン）に関する特則

民事再生手続の際にこの特則を受ければ、住宅ローンを抱えた人が自宅を失わずに再生できる可能性が高くなる

11 個人民事再生の手続の流れを見ておく

申立て後、再生計画案を提出し、認可を受ける

手続開始の申立てではじまる

個人民事再生手続は、再生手続開始の申立てによってはじまり、再生計画の認可決定が確定することによって終わります（その後、弁済ができなくなった場合などには一定の手続きをとる必要があります）。通常の民事再生手続（28ページ）と比較して、債権調査や債権確定手続、債権者の意見を反映させる制度、手続に関与する期間などの面で、簡略化されています。

個人民事再生手続開始の申立てをすることができるのは債務者だけです。再生手続開始の決定がなされれば、強制執行や仮差押え・仮処分、再生債権（民事再生手続きがはじまる前に生じていた権利のこと）を被担保債権とする留置権（被担保債権の弁済があるまで目的物を留置しておくことができるという担保物権のこと）に基づく競売手続きを行うことはできません。もし強制執行などの手続がなされていれば中止されます。裁判所は、手続開始の決定と同時に、「債権届出期間」と「再生債権に対する一般異議申述期間」を定め、これらを官報に掲載（公告）するとともに、申立ての際に裁判所に知らされている債権者に対して再生手続が開始されたことを記載した書面を「債権者一覧表」といっしょに送付します。

債権調査手続はどうする

債権者は、送られてきた債権者一覧表に記載されている自分の債権の内容に異存がなければ、あらためて債権届出をする必要はありません。債権者一覧表に記載されていない債権がある場合や、記載されている債権の内容（債権額など）に異存のある債権者は、債権届出期間内に裁判所に対して債権の届出をしたり、異議を述べたりすることができます。異議の申述があった場合は、債権の評価制度（裁判所が個人再生委員の意見を受けて、債権の額などを評価するこ

と）という手続によって、債権の存否および額、または担保不足額などが確定されることになります。

再生計画案の作成

再生計画案は債務者（または代理人）が作成して、裁判所の定める期間内に裁判所に提出しなければなりません。なお、個人再生委員（申立人の財産の調査や再生計画の作成についての助言を行う人）が選任されている場合は、適

◆ 個人民事再生手続きの流れ

- 債務者が個人であること
- 債務の総額が5,000万円を超えないこと
- 将来において継続・反復して収入を得る見込みがあること
（小規模個人再生の場合）
- 給与または定期的収入を得る見込みがあって、その金額の変動の幅が小さいと見込めること
（給与所得者等再生の場合）

↓

個人民事再生手続開始の申立

↓

再生手続きの開始決定が出る

- 裁判所が債務者の財産を調査
- 報告書の提出
- 再生債権の提出 → 再生債権の評価

↓

再生計画案を提出する

- 小規模個人再生では書面による債権者の決議が必要
- 給与所得者等再生では債権者の意見聴取が必要

↓

再生計画を認可・再生債権の確定

↓

返済計画の履行

計画の履行完了まで数年かかる

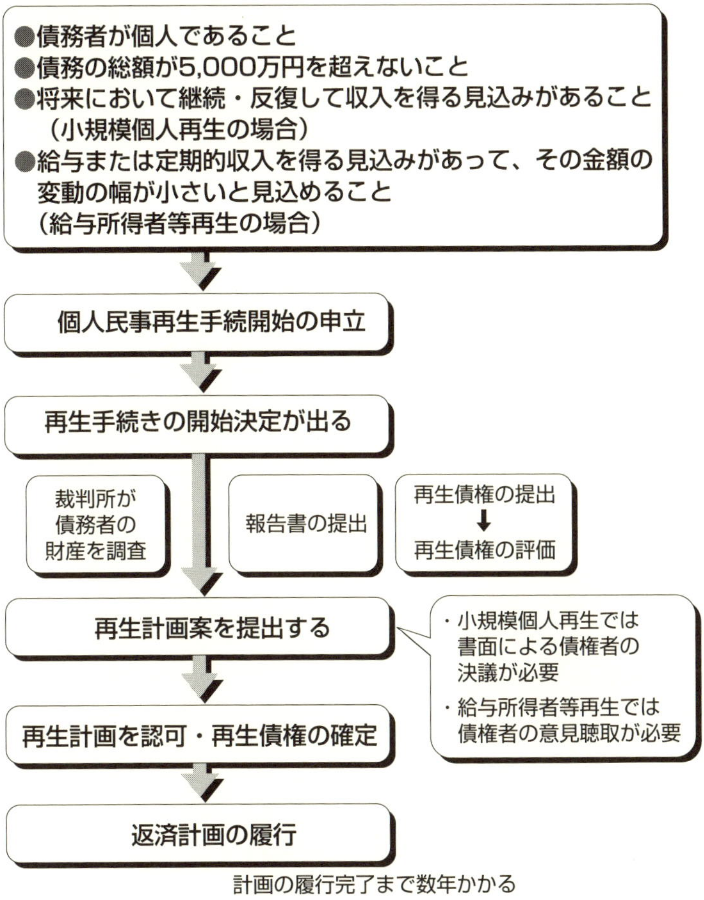

正な再生計画案を作成するように再生委員から勧告を受けることもあります。小規模個人再生の場合は、再生計画案について債権者の書面による決議を受けます。給与所得者等再生の場合は、再生計画案が債権者の決議に付されることはありませんが、裁判所は債権者の意見を聴くことがあります。

再生手続の終結

小規模個人再生の場合は、再生計画案が債権者によって可決されたとき、給与所得者等再生の場合は債権者の意見聴取期間が経過したときに、裁判所は不認可事由がなければ認可決定を行います。この認可決定が確定すれば、手続は終結します。認可決定が確定した後は、ハードシップ免責（159ページ）や再生計画の取消などの特別の場合を除いて、裁判所は関与しません。また、個人再生委員が選任されている場合も、再生委員は再生計画の遂行について関与することはありません。

◆ 小規模個人再生と給与所得者等再生の違い

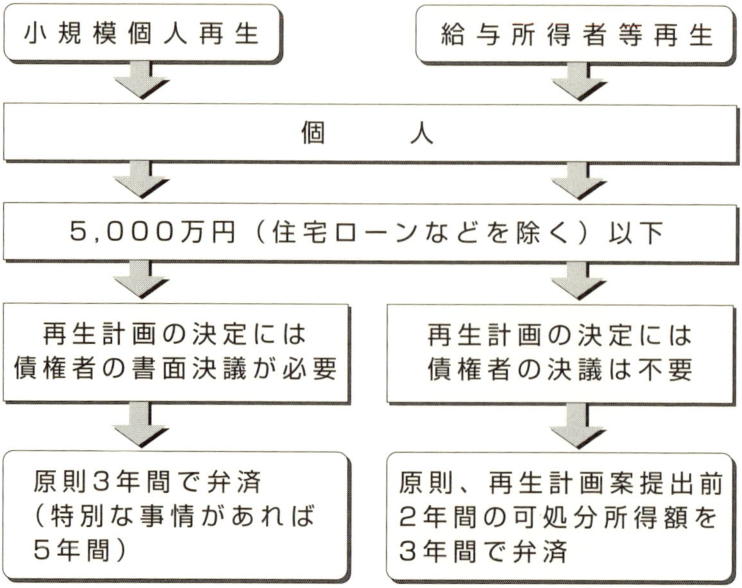

12 自己破産の手続きの流れを見ておこう

破産手続開始決定後に免責手続がある

自己破産の手続きの流れ

債務者が借金から解放されるには、破産手続の他に免責手続が必要です。つまり、晴れて再起のときを迎えるまでには、大きく分けて２つの段階を踏むことになるわけです。

①　申立てから破産手続開始決定まで

自己破産の手続きは、自分の住所を管轄する地方裁判所に破産手続開始の決定と免責許可の決定を求める申立てをすることからはじまります。申立てを受けた裁判所は、申立てが適法かどうか、費用の予納があるかなど手続に不備はないかを調べ、さらに債務者に支払不能（178ページ）などの破産原因があるかどうかを調べます。これらの調査は書面だけで行う場合と、債務者を裁判所に呼び出して話を聞いて行う（破産審尋）場合とがあります。

②　管財事件

破産手続開始決定を受けたとしても、それはまだ破産手続の入り口に入ったにすぎません。ここで、債務者にある程度の財産があれば、管財事件となります。そうでなけば同時廃止（次ページ）です。ここにひとつの分かれ道があります。

管財事件となれば、破産管財人が選任され、以後は、債権の確定から破産財団の換価・配当という本来の破産手続になります。配当が完了すれば破産手続は終了しますが、それでも残ってしまった借金から解放されるには、免責手続が必要です。なお、破産者が会社などの法人の場合は、破産手続開始決定により会社は解散することになるため、個人のように免責手続きが行われることはありません。

また、いったん、管財事件になっても事情によっては破産手続が廃止されることもあります。

管財事件の場合は、破産手続が終了するまでに、１年以上の期間がかかることもあります。破産財団に属する財産を売却・処分するには時間と手間がかかりますから、場合によっては数年かかることさえあります。たとえば、破産した場合でも、一般には管財人が破産者の家を売却するまで、または競売手続がすむまでは、破産者は自宅に住み続けることもできます。

なお、東京地方裁判所などでは少額管財という手続がとり入れられています。少額管財の対象は、自己破産申立事件で、管財人をつける必要のある事件です。ただし、代理人として弁護士がついている破産申立事件に限ります。

少額管財事件の申立は、受任した弁護士が行う他、普通の管財事件に比べて手続が容易になっています。申立当日に、予納金を納める前に審問を受けることもできます。このとき、債務者本人は同行しなくてもよいことになっています。費用も管財事件よりも安く、予納金は20万円となっています。

③ 同時廃止

自己破産しようと決意するに至ったような債務者には、すでにめぼしい財産は残っていないことも多いでしょう。破産手続に必要な費用を捻出できるだけの財産がない場合には、それ以上破産手続を進めてみても意味がありません。このような場合には、はじめから破産管財人を選任しないで破産手続開始決定と同時に破産手続を終結してしまいます。これを同時廃止といいます。自己破産申立者の9割は同時廃止となります。

④ 免責手続

管財事件にならず同時廃止の決定がなされた場合、または、いったんは管財事件になっても、後に破産手続が廃止された場合などには、原則として免責手続をしなければなりません。これをしないと、破産手続開始決定は受けても、いつまでも借金は残ることになります。とくに、個人の債務者の場合には、破産手続以上に、免責手続の方が重要であるともいえます。

というのも、免責によって、債務の支払責任が免除されることになるからです。流れとしては、破産の決定後、裁判所による債務の支払義務を免除する旨の決定を受けることになりますが、この決定を免責許可決定といいます。破産者は、免責許可の決定が確定することによって復権して、破産者ではなくなるのです。

◆ 破産申立てから免責まで

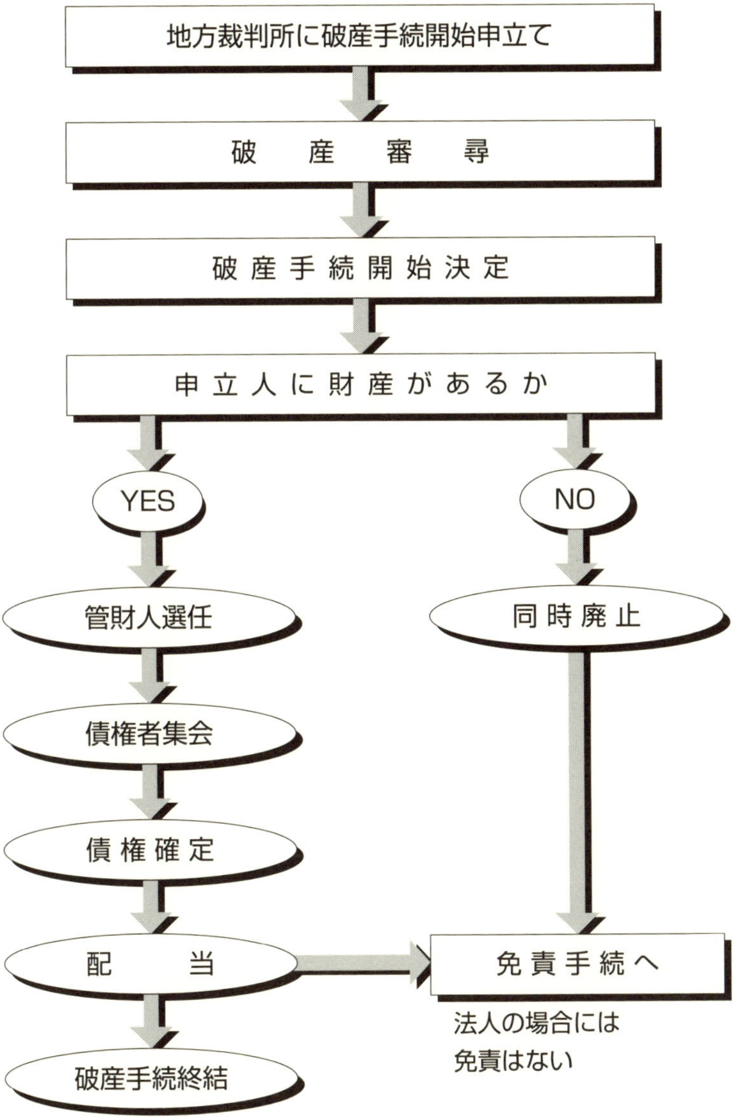

13 破産審尋から破産手続開始決定を受けるまで

破産手続開始決定後に得た財産は自由に使える

審尋期日がやってくる

自己破産の申立てをすると、原則として、申立人は裁判所に出頭して担当裁判官から事情を聞かれます。これが破産審尋と呼ばれている手続です。ただし、破産審尋が省略される場合もあります。

裁判所はこの破産審尋によって破産手続開始決定をするかどうか結論を出します。申立人は必ず出頭しなければなりません。急病などで出頭できない場合は、審尋期日を変更して欲しい旨の申請書を、診断書などをつけて提出しなければなりません。審尋期日は、予納金を納めた時点からおよそ1～2か月してから指定されているようです。

債務者の審問と債権者から回答された意見聴取書をもとに、審尋期日からそうたたないうちに、裁判所は申立人に対して、破産手続開始決定をし、同時廃止の決定をすることになります。自己破産の申立てのときから数えて、おおよそ1～2か月、申立件数の多い裁判所では、2～3か月後のことです。

破産審尋のポイントは何か

破産手続開始決定を受けるには、申立人が支払不能の状態にあるかどうかがポイントになります。破産審尋は、裁判官が、申立人が支払不能（178ページ）の状態にあるかどうかなどを判断するために行われます。

申立時に提出した陳述書の中で、申立人は、生活状況や借金を支払うことができなくなった事情などを詳しく述べて、支払不能の状態にあることを明らかにしておくことが大切です。そのためにも、陳述書は、正確に正直に書いておきましょう。

破産審尋は、申立て内容に問題がなければ、通常1回で終わります。破産審尋の後、支払不能の状態にあると判断されれば、破産手続開始決定がなされます。

破産審尋の日から数日後に破産手続開始決定が出される

裁判所の破産審尋の結果、とくに問題がなければ、破産手続開始決定がなされます。裁判所によって多少扱いは異なりますが、破産手続開始決定は、破産審尋の日から数日後に出されます。

破産手続開始決定は、官報に公告され、破産管財人や破産者、債権者などに通知されます。破産手続開始決定は公告の日から2週間後に確定し、このときから、申立人は破産者になります。

破産手続開始決定がなされると

破産手続開始決定が確定すると、債権者はもはや個別に権利を行使することはできなくなります。すでに、取立ては止まっているでしょうが、債権者はさらに一段と制約を受けるようになります。

破産審尋の結果、申立人が支払不能の状態にないと判断されれば、破産手続開始決定はされません。

なお、破産手続開始決定後に得た新たな財産は、自由に使うことができます。

したがって、見方によっては、新しい生活はここからはじまる、ともいえるわけです。

もっとも、破産審尋から破産手続開始決定を受けるまでの手続きの流れは地域によって異なることがあります。

◆ 破産審尋と破産手続開始決定

14 免責手続について知っておこう

免責不許可事由があると原則として免責されない

免責の申立て

個人の自己破産の場合は、破産手続開始の申立てにより免責申立てをしたものとみなされます（破産の申立ての際に免責申立てをしない旨の申述をした場合を除きます）。つまり、破産手続開始の申立てとは別に免責の申立てをしなくても、破産手続開始の申立ての際に、免責の申立ても同時にしたことになります。

また、債務者が破産の申立時に債権者一覧表を提示すれば、免責手続で債権者名簿を再び提出する必要はありません。

免責について審理される

裁判所は、必要に応じて破産管財人・破産債権者に対して免責についての意見申述を行わせます。破産管財人や破産債権者は、免責の当否について裁判所に意見を述べる機会を与えられるわけです。

また、裁判所・破産管財人による免責についての調査もあります。この調査は必ず行われるものではありませんが、行われた場合には、破産者は調査に対する協力義務を負います。裁判所によっては運用により意見を述べるための審尋の期日を開く場合がありますので、免責の申立てをする裁判所に確認してみてください。

免責が決定されるとどうなる

免責の決定は、免責決定が官報に掲載され、掲載された日の翌日から２週間以内または免責決定が送達され、これが破産者や債権者などに到達した日の翌日から１週間以内に、即時抗告がされないことによって確定します。即時抗告とは、裁判の日から一定の期間内に提起することとされている上級裁判所への不服申立制度です。免責の決定は免責の確定により効力が生じます。

免責の決定が確定すると、一定の免責されない債権（205ページ）を除き、債務の支払いを免れることができます。

免責の確定により、破産者は、一部の債務を除き、破産債権者に対する債務の支払義務がなくなります。また、復権して破産者ではなくなり、公法上または私法上の資格制限（一定の職業・資格などに就けなくなること）から解放されます。なお、一度免責を受けると、原則として以後7年間は免責を受けられません。

なお、破産法で定める免責不許可事由があっても、裁判所が免責相当と判断した場合には免責の決定がなされます（これを**裁量免責**といいます）。実際にはこの裁量免責により、免責が認められるケースが多く見られます。

免責が許可されない場合には

免責が許可されなければ、破産者としての身分はそのままです。

ただ、かりに免責決定が受けられないような場合でも、破産手続開始決定は受けられます。債権者の中には、債務者が破産手続開始決定を受けたことによって、免責決定をまたずに債権の回収をあきらめる者もいます。そうなれば任意整理による借金整理も可能になってきます。

◆ 免責許可の申立てから免責決定まで

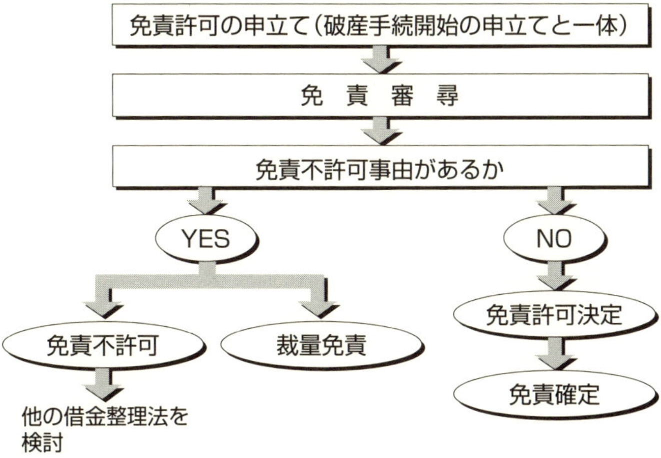

15 破産管財人が選任されると管財事件になる

破産者の財産は配当まで管財人が管理する

管財事件になった場合

ここでは、財産があるため管財事件になった人の管財手続について見ておきましょう。

申立人に、配当すべき財産や不動産がある場合には、裁判所は破産管財人を選任して、破産者の財産の換価・配当という手続をとります。この手続が、本来の破産手続です。このように破産管財人が選任される場合を管財事件といいます。ただ、個人の自己破産の場合は、同時廃止になることも多くありますから、実際に管財事件になる場合はそれほどありません。また、管財事件になったとしても、東京地裁の場合などは、多くの場合、少額管財事件（42ページ）として特殊な取扱いがなされます。

管財事件の手続の流れはどうなっている

管財事件は、通常、次のような手続で進行していきます。

①　破産管財人の選任

破産管財人は、破産手続において破産者の財産の管理・処分を行う機関です。管財人に選任されるのは、ほとんどの場合、弁護士ですが、選任は裁判所が行います。破産管財人が選任されると、破産者の財産を管理・処分する権限はすべて管財人に移ります。管財人は、破産者の財産を迅速・正確に調査して、すべての債権者に公平に分配できるように手続を進めていきます。

②　債権届出期間の決定

裁判所は、破産手続開始決定と同時に債権届出期間を定めます。債権者は、この期間に債権を届け出ることによって、破産債権者となり、債権者集会で議決権を行使できるようになります。

③　第１回債権者集会の期日の指定

破産手続のうち、管財事件は債権者に対する配当を目的とした手続きであるため、手続きを進める上で原則として、破産債権者の決議が必要とされています。債権者の意思を尊重し、公平を図るためです。したがって、財産状況などを債権者に報告する場として、第１回の債権者集会は重要な意味をもっています。原則として裁判所は破産手続開始決定と同時に第１回債権者集会の期日を指定します。

④　債権調査期間の決定

債権調査期間の決定も破産手続開始決定と同時になされます。債権調査手続において、債権の存在や額・順位などを確定し、将来、債権者に配当するために準備がなされます。

⑤　破産財団の換価・配当

破産者に残っている財産は破産財団という形にひとまとまりにされ、やがて売却されお金に換えられます。破産管財人は、裁判所の監督の下、破産財団に含まれる財産を現金にして、債権者に分配する準備をするのです。

破産管財人は、届け出ている債権者に債権額に比例して、順次分配していきます。これを配当といいます。債権者Ａ・Ｂ・Ｃの３人がそれぞれ100万円：200万円：200万円（＝１：２：２）の債権を持っている場合に、分配できる金銭が100万円しかなかったとすると、Ａ・Ｂ・Ｃの取り分はそれぞれ20万円：40万円：40万円（＝１：２：２）となります。このようなわけ方を按分比例といいます。

この配当が終了すると、破産手続は終了となります。

破産債権を確定する

破産手続は、債権者への配当（弁済）を目的とする手続ですから、破産者に対してどれだけの債権があるのかを確定しなければなりません。その手続として、債権の届出と債権調査というものがあります。

債権者は、裁判所が指定した債権届出期間内に、自分の債権を届け出なければなりません。この期間は公告され、また、判明している債権者には通知されます。届け出られた債権については、裁判所書記官が「破産債権者表」を作成し、債権表のコピーが管財人に渡されます。

債権を調査する期日（債権調査期日）には、届出のあった債権について、債権者の氏名・住所、債権の額および原因、優先権や別除権（抵当権など一般の債権に優先して競売などによって回収を図ることのできる権利）など注意しなければならないことはないか、などを調査します。また、管財人は、届け出られた債権の中身が真実かどうかを、調査期日までにチェックしておきます。

こうして調査された債権は、裁判所書記官によって破産債権者表に記載されます。とくに問題がなく破産債権者表が確定すれば、破産債権者表の記載は破産債権者全員の間では、訴訟による確定判決と同一の効力をもちます。

債権者集会とは

破産手続開始決定がなされると、債権者は、もはや自分の債権を行使することができなくなります。債権者は破産手続によって破産財団から債権額に応じた按分比例による分配を受けられますが、破産手続開始決定がなされた今となっては、債権者が全額回収するということは当然、不可能になります。

破産債権者は、最終的に少しでも多くの配当を受けられるよう、破産財団の管理が適切になされ、また、換価（破産者の財産を売却して現金化すること）がより高額であることを望みます。ですから、破産手続の進行には重大な関心をもたないわけにはいきません。そのため、ときによっては対立する利害関係をもっている債権者の意見を調整し、その共同の意思を破産手続に反映させる必要があります。そこで設けられたのが債権者集会です。

債権者集会の権限

債権者集会は、裁判所が、破産管財人や債権者委員会、裁判所が把握している破産債権者の総債権について裁判所が評価した額の10分の１以上にあたる破産債権をもつ債権者などの申立てによって、あるいは裁判所の職権で招集されます。

ただ、必ずしも債権者集会を開催しなければならないわけではありません。債権者集会には、破産者から報告を受ける権限や、破産管財人の解任請求の決議もできます。債権者集会の決議は、届出債権者だけが議決権をもちます。議決権を行使できる破産債権者で出席した者の議決権の総額の２分の１を超える者の賛成があると、決議は成立します。

◆ 財産がある人の破産手続き

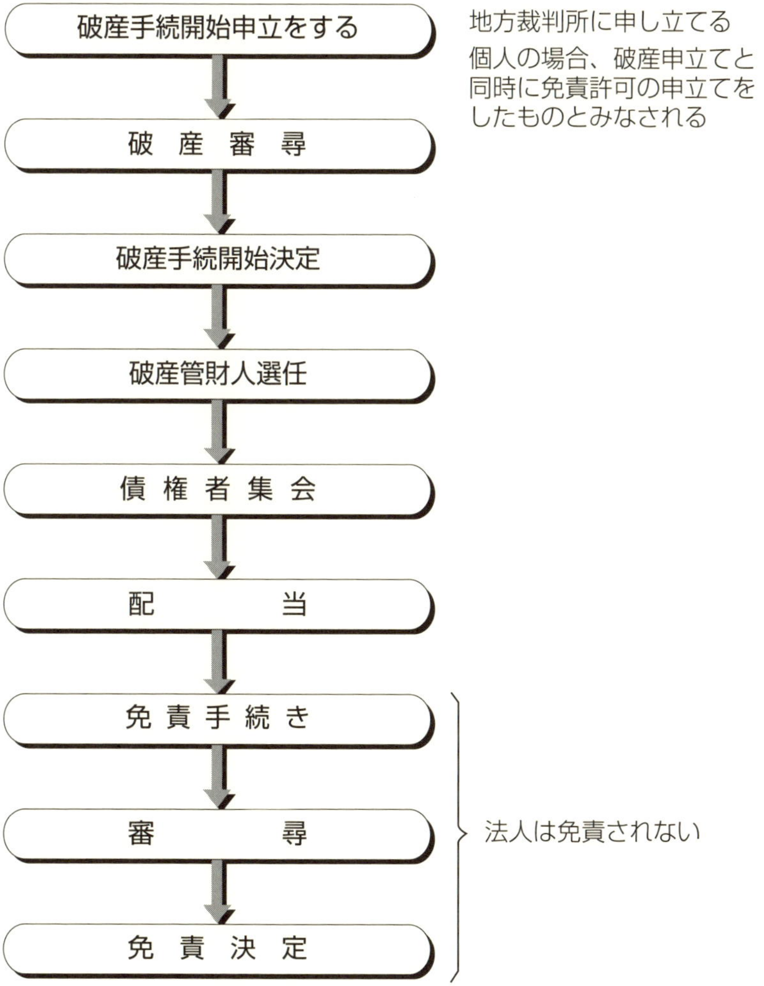

16 生活に困ったときの制度について知っておこう

生活保護は最強のセイフティーネットである

生活保護を知っておこう

不況も手伝って、最近、多額の借金を抱えて困っている人が急増していることは、新聞やニュース報道でも知られているところです。

債務者の中には抱えた借金や厳しい取立てからの精神的な苦痛から逃れたいために、それまでの生活を捨てて逃亡したり、自殺を図ったりする人がいます。また、生活できないために路上生活を始める人もいます。

しかし、自殺したり、ホームレスになったりする前にまだ手段が残されています。それが生活保護です。生活保護という言葉を知っている人は多いと思いますが、その内容はあまり知られていません。生活保護を実際には利用しない人でも、制度の存在と内容を知っているだけで、将来への不安が少しだけ消えるはずです。

日本では、生活保護を受けるのは恥ずかしいことと考える風潮があるようですが、そうした考え方は誤解によるものです。生活保護は、国民としての権利に基づき、その制度を利用することで、現在直面している経済的危機を乗り越え、自立をめざすものです。

また、生活保護について知っておくことで、自分や自分の家族だけでなく、兄弟姉妹や親しい友人などの役に立つこともあるかもしれません。

最低限の生活を営むための制度

憲法は国民の生存権を保障しています。生存権は、ただ命を保障するというようなものではなく、「健康で文化的な最低限度の生活」を国が保障する権利とされています。

わが国の社会福祉・社会保障・公衆衛生についてのさまざまな法律は、いわば国民の生存権の保障を具体化したものです。生活保護について規定している生活保護法もその1つです。生活保護は最終手段にして、最強のセイフティーネットでもあります。あなたの世帯の生活が苦しくなったとき、国が最低限度の生活ができるように保障し、その自立を助ける制度です。一定の基準にしたがって、定められた要件を満たす場合、生活費や医療費などについて保護を受けることができます。

こうした保護を受けるためには、その世帯の人が自分たちの生活のために、持てる能力に応じて最善の努力をすることが必要です。こうした努力をしても最低限度の生活ができない場合に、はじめて国による保護が行われます。

生活保護は自分の権利を守る究極の危機管理手段です。

生活保護制度の４つの原理

生活保護制度は、たんに生活に困っている人の最低限度の生活を保障することだけを目的とする制度ではありません。生活に困っている人が生活保護の制度を一時的

◆ ４つの原理

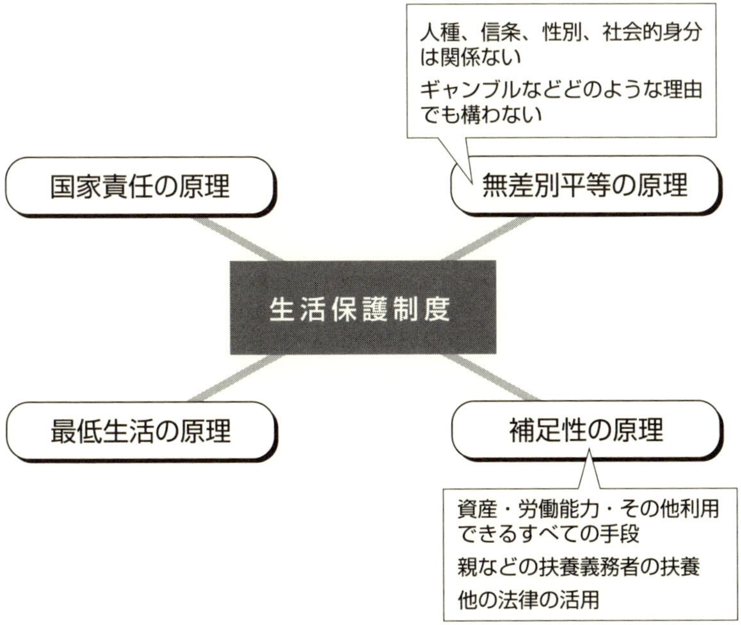

に利用することによって、将来的には自立できるように必要な援助を行うこともその目的としています。

生活保護の制度には以下の４つの原理があります。

①　国家責任の原理

生活に困っている国民に対し、国の責任において保護を行います。

②　無差別平等の原理

人種、信条、性別、社会的身分などはもとより生活困窮におちいった原因を一切問わず、現在の困窮状態だけに着目して保護を行います。たとえば、ギャンブルで破産して身を滅ぼしたような自業自得ともいえる人であっても国は救済してくれます。

③　最低生活の原理

保護の内容として、憲法で定められた健康で文化的な生活水準を維持することができる最低限度の生活が保障されます。

④　補足性の原理

生活保護を受けるためには、最低限度の生活を維持するために自分のあらゆる資産（不動産、現金、預貯金、有価証券、生命保険の解約金〈貸付金〉、高価な貴金属など）、（労働）能力そのほか利用できる手段すべてを活用しても最低限度の生活が維持できないことが要件となります。

また、夫婦の一方、親、兄弟姉妹など、扶養義務者の扶養が受けられるときは、まずその扶養を受けられないかを検討する必要があります。

さらに、年金、手当などほかの法律、施策が受けられるときは、まずそれらを活用しなければなりません。

生活保護費の基準とは

生活保護を受けるためには、ある一定の基準を満たしていなければならないのはもちろんのことです。この基準により計算された最低生活費と収入を比べて決定されたものが、生活保護費として給付されることになります。ただ、この基準は細分化されており、個々のケースによって違いが出てきます。だいたいの目安としては、１人世帯で生計を立てている場合、10万円前後の収入であれば生活保護を受ける対象になります。

17 生活保護の申請の仕方

本人または家族が申請する

申請できる人は決まっている

生活保護の申請をすることができるのは、本人または家族（配偶者や子、両親などの扶養義務者）になります。

また、自分の近くで生活に困っている人がいる場合や入院していて本人が外出できないような場合、病院などが福祉事務所（生活保護など福祉を扱う役所の窓口のこと）や市区町村役場に連絡することもできます。その場合、担当者（ケースワーカー）のほうから病院などに来てくれます。

ただ、そのような場合であっても、実際に生活保護の申請ができるのは、保護を必要とする本人かその人の扶養義務者または同居している親族になります。

最初に相談に行く場合にもっていく書類は以下のとおりです。このほかにも事情を説明するのに必要だと思うものがあれば、その書類などを持っていき相談するとよいでしょう。

① 最近３か月間の給与明細書
② 銀行や郵便局の預貯金通帳の全部（定期預金などを含みます）
③ 賃貸住宅（アパートなど）の契約書、家賃の領収書
④ 自分の世帯で年金や恩給・児童扶養手当、障害手当などを受給している者がいる場合はそうした公的扶助に関する書類
⑤ 健康保険証、介護保険証、障害者手帳など
⑥ 子どもや兄弟姉妹などの扶養義務者の住所と電話番号がわかるもの（メモ程度のものでかまいません）
⑦ 印鑑（認印でもかまいません）

申請後に調査が行われる

受理された申請書に基づいて、ケースワーカー（担当地区員とも言います）が、申請書の内容を調査し、情報を収集します。この情報を基礎に、福祉事務所の所長の決裁を得て生活保護を開始できるかどうかが決まります。

ケースワーカーは地区ごとに担当が決まっており、住んでいる地区のケースワーカーが必要に応じて、アドバイスを与えてくれるようになっています。

ミーンズ調査とは

提出された申請書類に基づいて、生活保護を適用するのが妥当かどうかを調査するのが「ミーンズ調査」です。ケースワーカーは、金融機関などへの資産調査、扶養義務者への調査、健康状態調査などを行います。

また、申請者の訪問調査もケースワーカーが行います。これは、記入した場所に住んでいるか、申請してきた人物がどんな人であるかを確認する作業です。

他に病気を理由に生活保護を申請した場合には、健康診断を受けるように言われることもあります。

緊急払いを求めることもある

生活が差し迫っているから生活保護の申請をするわけですので、当然、決定が出るまでの期間（14日）も悠長に待っていられない、というケースも発生します。そのために、「緊急払い」という制度を置いている福祉事務所もあります。生活が逼迫して、どうしようもない状態のときには緊急払いを求めるとよいでしょう。

なお、支払われたお金は、生活保護を受けた場合には、生活費から引かれることになります。

◆ 生活保護の申請

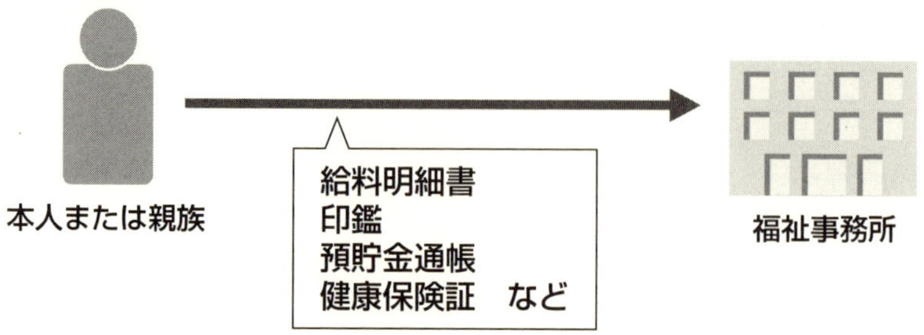

◆ 生活保護申請の仕方から決定までの流れ

福祉事務所に行く	●市区町村役場や福祉事務所に行き、生活に困っていることを伝える
面　接　相　談	●相談担当者（ケースワーカーなど）により面接相談が行われる ●現在の生活状況や、収入や資産の状況などを伝え、他に利用できる制度はないか、今後の生活をどうしたらよいかなどを話し合う
申　請　受　付	●生活保護を申請するしか方法がないと判断されたときには、保護の申請をすることになる
資力調査（ミーンズテスト）	●申請に基づいて、ケースワーカーが世帯の収入や資産、扶養義務者から援助が受けられるかどうかなどを調査する
保護の要否判定	●調査に基づいて、申請者に保護が必要かどうかの判定を行う
保護の決定	●「生活保護を適用する必要がある」と判定されたときは、福祉事務所で生活保護の適用が決定される ●「保護は必要ない」という判定となったときは、申請却下の決定が行われる ●判定に不満があるときには通知を受け取った日から60日以内に知事に対して審査請求の申立てをすることができる
生活保護費の受給	●生活保護が決定されると、通常は窓口に来所するように指示され、その場で第1回目の保護費が渡される ●保護受給中は定期的に担当のケースワーカーの家庭訪問がある
受給後の生活	●生活の維持向上につとめる

書式　生活保護申請書

保　護　申　請　書

世帯番号	

平成　○○年　○月　○日

（あて先）
○○福祉事務所長

申請者住所　○○市　○○町　○丁目　○番　○号
方　TEL ○○○（○○○）○○○○

氏名　甲山　太郎　㊞

要保護者との関係

次のとおり生活保護法による保護を申請します。

現住所	○○市　○○町　○丁目　○番　○号

保護を受けたい人

氏名	続柄	性別	生年月日	年齢	職業・学校・学年	学歴	健康状態
甲山太郎	本人	(男)・女	昭和38年1月13日	45	無職	高校卒業	不良
		男・女					
		男・女					
		男・女					
		男・女					
		男・女					
		男・女					
		男・女					

保護を受けたい理由

腰の病気を患い、手術をしましたが、未だに痛みがとれず働くことができません。生活費ばかりか医療費もままならず生活に困っています。

援助者の状況　親兄弟、親族、その他

氏名	続柄	年齢	職業	現住所
甲山花子	母	75	無職	○県○市○町○丁目○番○号

PART 2

借金の返済をめぐるトラブル

1 返済期以外は約束しないでお金を借りた場合元本以外にも支払う必要があるのか

返済を遅延した場合には年５％の遅延損害金が請求される可能性がある

ケース　私は、３か月前に友人から10万円を借りました。その際、返済期限は１か月後と約束しましたが、それ以外のことは何も定めませんでした。返済するお金をなかなか用意できず、期限には10日ほど遅れてしまいましたが、何とか10万円を用意することができました。友人に返済しようと思うのですが、元本の10万円の他に何らかの請求がされることはあるでしょうか。

アドバイス

まず、通常の貸金返済請求がなされる場合を考えてみると、①元本、②利息、の２点が請求されます。

しかし、法律上、利息を請求するには、元本の貸付の際に利息の支払いについても約束をしておかなければなりません。

そして、利息の割合も貸主と借主との合意によりますが、利息の支払いだけを約束し、その割合を定めなかったときは、民法上、年５％の割合で請求できます。

しかし、あなたとあなたの友人の場合には、返済期以外は特に約束をしていないので、利息の請求をされることはありません。

ただ、返済期限に遅れた場合、年５％の割合で、遅延損害金を請求することは認められます。

したがって、あなたの友人は、あなたに対して、①元本10万円、②返済期日の翌日から実際に返済がなされる日までの遅延損害金、の２つを請求する権利を持っていることになります。10万円を用意できた、ということですが、仮にあなたの友人が年５％以内の遅延損害金を請求してきた場合には、その分も支払わなければならないことを覚えておいて下さい。

なお、さらに返済が遅れた場合、あなたの友人から準消費貸借の契約に切り替えるように求められる可能性もあります。

準消費貸借契約とは、今の10万円の貸付を仕切り直して、新たに利息つきの貸付に書き換えるというものです。

この場合、新たな貸付がなされたことになりますから、その返済を請求される際には、元本だけでなく利息も含めて請求されますから、注意して下さい。

◆ 利息を定めなかった場合の返済額

期限内に返済した場合

友人 ― 元本 10 万円 / 金銭消費貸借契約 ― 相談者

↓

支払期日までに返済

元本 のみ

返済期日を過ぎてから返済した場合

友人 ― 元本 10 万円 / 金銭消費貸借契約 ― 相談者

↓

支払期日経過後に返済

元本 ＋ 遅延損害金

まめ知識　契約書に収入印紙が貼られていなかったが

印紙税法では、一定金額以上の契約について、契約内容や契約金額に応じた印紙税額を納めるよう定めています。納税対象者は課税文書の作成者です。たとえば100万円の金銭消費貸借契約を締結する場合、消費貸借の契約となりますから、印紙税額は1,000円（平成22年４月１日現在）です。この額の収入印紙を契約書の枚数分用意し、それぞれに貼らなければなりません。

課税対象となる文書に収入印紙を貼らなくても契約そのものは有効に成立しますが、追徴税が課せられるほか、故意に貼らなかった場合は懲役・罰金などの刑罰が科せられる可能性がありますので、あらかじめ印紙税額を確認しておくべきでしょう。

2 領収書の発行を請求したのに領収書をくれない

銀行振込でないときには必ず領収書をもらう

ケース 私は、ある金融会社からお金を借りています。毎月、決められた額を返済していますが、その際に相手の会社は、領収書も出してくれません。あと数回返済すれば、全額の返済が終了します。このような場合、私は、その会社に対してどんな主張ができるのでしょうか。

アドバイス

まず、あなたは、相手の会社に毎月の返済の際に「領収書」を発行するように請求できます。また、今までの返済分についても同様に領収書の発行を求めることができます。領収書は、あなたがそのお金を返済し、相手の会社がそれを受け取ったという証拠になります。ですから、領収書には、返済の日付・返済した金額・相手の受領文言（たとえば「○月分返済金として受領しました」）・相手の記名押印などが記載されている必要があります。そのような領収書があると、後になって相手がまだ返済がなされてないと主張し、再度請求されたようなときに、「もう支払済である」と反論する証拠になります。また、銀行振込による返済の場合には、利用明細などが領収書の代用になりますので、手元に残しておいて下さい。

さらに、あなたが領収書の発行を請求したのに相手の会社が発行しない場合には、相手に対して領収書と引き換えでなければ返済しないと主張することもできます。このような主張をすれば、相手の会社が領収書を発行しない限り、支払期日にあなたが返済しなくとも、遅延利息を支払う必要がなくなります。

そして、返済が終了する場合には、あなたは相手に借用証書（借りるときの契約書）の返還を請求できます。これは、全額の返済が終了したことの証拠として貸主から回収するものです。ただ、このときは、借用証書と引き換えでなければ返済しないと主張することは認められません。

◆ 領収書発行と借用証書返還の請求

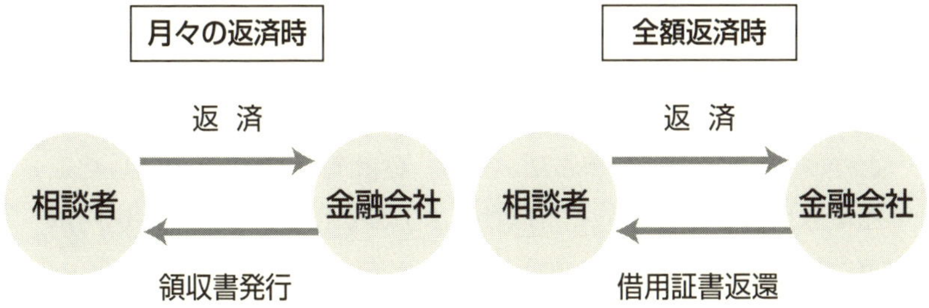

まめ知識 **借用書がないと金銭貸借契約は無効か**

金銭の貸し借りを行う契約を、金銭消費貸借契約といいます。契約締結時には借用書などの書面を交わすのが一般的ですが、知人や親戚など身近な人同士で金銭の貸し借りを行う際などには、借用書を交わさないこともあります。民法上では契約を行うのに特別の様式は必要ないとされており、当事者間に金銭の受け渡しと返還の約束さえあれば、金銭消費貸借契約は有効に成立したことになりますので、それでも問題はありません。ただ、契約の成立や返済時期などについて当事者間の意見が食い違った場合、借用書の有無によって結果が大きく変わる可能性があります。裁判においては、契約の存在や内容を示す証拠が大きな意味を持つからです。トラブル防止や早期解決のためには契約時に必ず借用書などの書面を作成しておくべきでしょう。

3 遅延利息の計算のしかたがわからない

元本と利息では利息、元本の順に充当する

ケース 私は、100万円を友人から借りましたが、その際、利息と遅延損害金（遅延利息）を年15%とし、1年後を返済期限とする約束をしました。しかし、1年後には手元に余裕がなかったので10万円しか返済できませんでした。そして、2年後には何とか60万円を返済しました。私は、合計で70万円を返済したことになりますがあといくら返せばよいのでしょうか。詳しい内訳とともに教えて下さい。

アドバイス

まず、1年後の返済期について検討します。このとき、本来ならば、元金の100万円と利息の15万円の合計115万円の支払がなされなければなりませんでした。ところが、実際に支払われたのは、10万円ですから、それに不足しています。そこで、その10万円を元本と利息のどちらの支払とするかが問題となります。この点については、まず利息から充当します。したがって、利息が5万円残り、元金は100万円全額が残りました。

次に、2年後に60万円を支払ったときの、あなたの支払うべき金額を確定します。まず、元本100万円全額、そして利息の残額5万円は1年前と同じです。ところが、本件では、さらに遅延利息が発生します。お金の貸し借りでは、支払期限を経過した後、法定利率（年5%）と約定利率の高い方の遅延利息が発生するのです。そうすると、本件では、15%がその利率となりますから、遅延利息として15万円が加算されます。そこで、2年目の債務額は元本100万円、利息残額5万円、遅延利息15万円、となります。その充当の順序ですが、①利息、②遅延利息、③元本という順になります。そう

すると、利息と遅延利息で20万円充当され、残りの40万円が元本に充当されます。

結局、元本が60万円残っており、これが返済すべき金額となります。

◆ 遅延利息発生時の支払順序

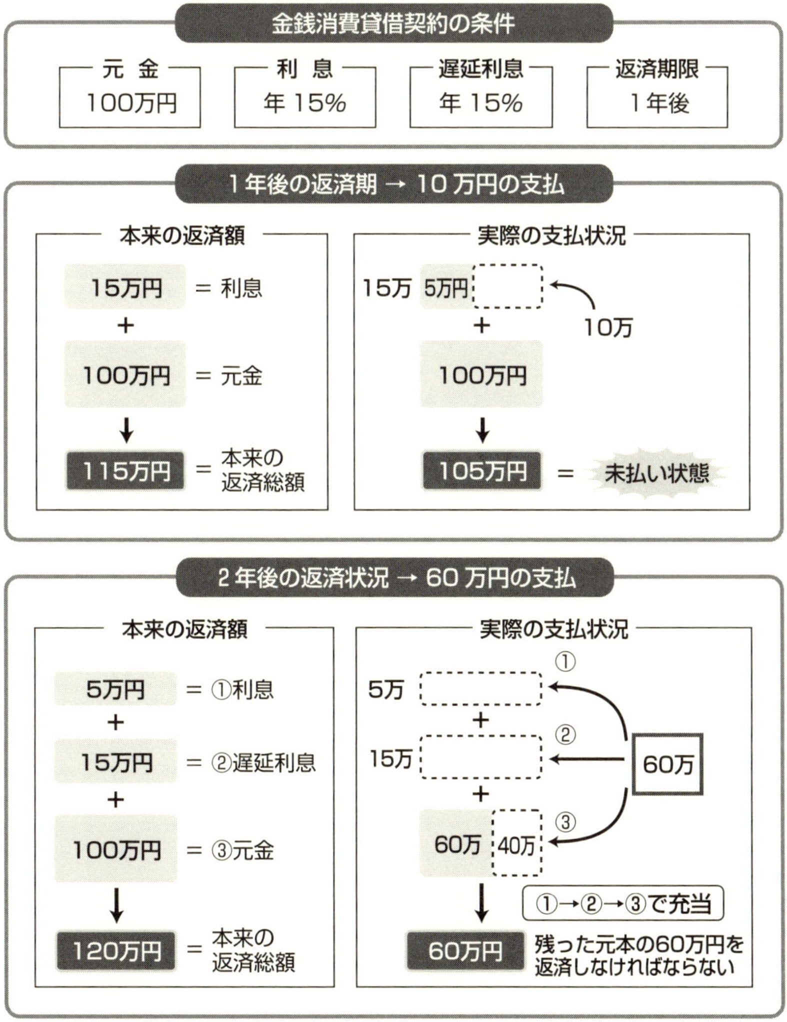

4 返済期限より前に全額返済したい

返済期限よりも早く返済することもできる

ケース 私は、4か月前、Aという金融業者から100万円を年15%の割合の利息で期間6か月の各月返済の契約で借りました。しかし、B社が年12%の利息で、15か月の各月返済という条件で100万円を貸してくれるというので、A社に返済して、B社に借り換えようと思います。このようなことは、法律上、認められるのでしょうか。また、A社が返済に応じなかったらどうすればよいでしょうか。

アドバイス

あなたは、毎月の支払期日が来るまでは、当然その月の返済をしなくてすみます。それは、A社と分割払いの約束をしたことによって、あなたが法律上「期限の利益」をもっているからです。

期限の利益とは、その期限が来るまでは借りたお金を返さなくてもよいことをいい、通常、お金を借りた方の利益となります。期限の利益は放棄することも認められています。つまり、あなたは、支払時期よりも早くお金を返済することも自由なのです。ただ、期限の利益を放棄する場合には、貸した方に損を与えることができません。

あなたの場合を考えると、A社に対する残り2か月分の返済を支払期限より前にすることは自由ですが、それによってA社に損を与えることは許されません。ですから、A社に残り2か月分の利息を含めて全額返済する必要があるのです。

ところで、A社としては他社に借り換えられてしまうのですから、あなたの期限前の返済を受け取ろうとしないかもしれません。そのときには、あなたは返済額を供託すればよいのです。供託とは「供託所（法務局）にお金を預けることで、相手方にそのお金を払ったことにする」制度です。あなたが残りの返済額を供託すれば、A社に返済したことになるのです。

◆ 期限の利益とその放棄

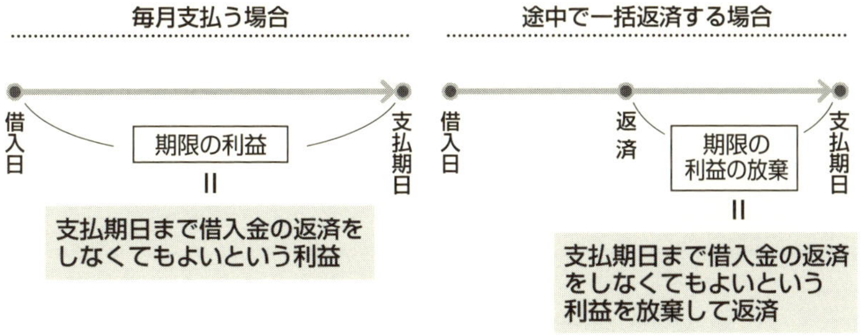

まめ知識　貸主がお金を受け取ってくれない場合にはどうする

借主がお金を返済したいのに、貸主が行方不明だったり、受け取りを拒否するというような場合でも、そのまま放置するわけにはいきません。たとえ貸主側の事情であっても、返済期に返済をしなければ、遅延利息が発生するからです。貸主が返済金を受け取ろうとしない場合、借主は返済金を持参したり、取立に来ればいつでも弁済することができる旨を伝える文書を送るなどといった「弁済の提供」を行うことができます。これにより、遅延利息の発生を防ぐことができます。貸主が行方不明の場合や、弁済の提供をしたにもかかわらず受け取りを拒否した場合には、供託所（法務局）に返済金を預ける「弁済供託」という制度を利用してください。これにより、貸主に弁済したのと同じ効果を生じさせることができます。

5 貸主が死亡した場合に借主はだれに返済すればよいのか

真実の権利者がわかるまでは法務局に供託するとよい

ケース 私は会社の同僚Aから、マンションの購入費の一部として500万円を借りていましたが、そのAは先日交通事故で死亡してしまいました。私は同僚には気の毒だけれどもこれで借金は消えたと内心喜んでいたところ、Aの息子を名乗るBから500万円の返済を要求されました。やはりBに500万円を返済する必要があるのでしょうか。

アドバイス

貸主が死亡したからといって借金の返済義務が消えてしまうことはありません。この場合、Aさんの相続人が500万円の債権を相続することになります。これは民法が、死亡した人（被相続人）の権利義務は相続人に原則として承継されることを定めているためです。

あなたの場合、息子を名乗るBさんから請求を受けていますが、Aさんには奥さんがいたかもしれませんし、他に子供もいたかもしれません。また、そもそもBさんはAさんの子ではないかもしれません。このように相続の場面においては、当事者が多数出現してくる場合も多いので、請求者の相続資格を確認することが重要です。具体的には、遺言書や、相続人全員で作成された遺産分割協議書など正確に500万円の債権の承継人を確認できる書面の提出を求め、これがなされるまでは支払いを拒絶すべきでしょう。

なぜなら、不用意に支払ってしまうと、後日真実の権利者が出現した場合に、二重に支払う危険があるからです。このような危険を避けるためにも、500万円の債権を承継した者がだれであるかわらない場合は、法務局に500万円を供託することをお勧めします。これにより、あなたは法律上は返済したとみなされるので債務不履行　　の責任から免れることができます。

◆ 供託を利用するメリット

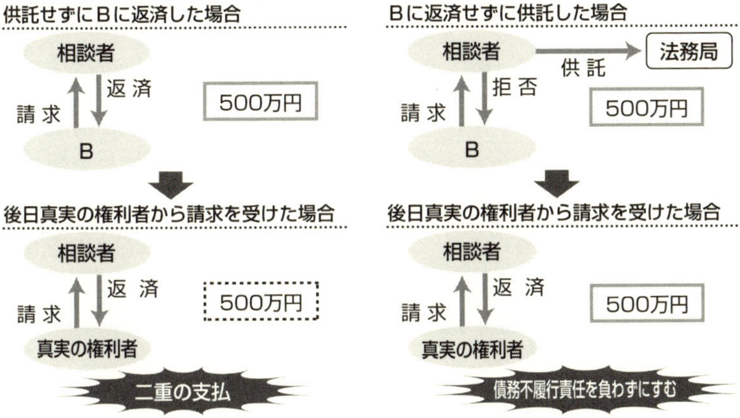

まめ知識　**受領権限のあるように見える人に返済してしまった**

返済すべき額を貸主本人ではなく、別の人に返済してしまった場合、どうなるのでしょうか。まず、原則として契約は当事者間で締結されているわけですから、受領権限のある当事者本人に返済した場合のみ有効に成立します。つまり、別の人に返済しても、返済したことにはならないわけです。ただし、民法では、「債権の準占有者への弁済」を認めています。これは①相手方が債権者のような外観を有しており、かつ②返済する者がその外観ゆえに、その者を弁済受領権限のある者だと信じるのも当然だと言える場合に認められるものです。たとえば返済を求める者が債権者の代理人を名乗ったり、借用書や債務者の印鑑証明書を持参するなどしていた場合には、別の人への弁済であっても当事者への返済と同様に扱われる可能性があります。

6 借主が死亡すると保証人の責任はどうなるのか

保証債務は消滅しないので返済しなければならない

ケース 私は、個人商店を経営する友人Aさんが銀行から事業資金の融資を受ける際に保証人になりました。ところが、先日Aさんが交通事故で亡くなってしまいました。後日、銀行から500万円についての履行請求を受けました。私としてはAさんを信頼して保証人になったのであり、Aさんが亡くなった以上保証も当然に終了すると考えていたのですが。

アドバイス

主債務者（借主であるＡさん）が死亡しても、あなたの保証債務が消滅することはありません。なぜなら、Ａさんの死亡により500万円の借金はＡさんの相続人に承継され、あなたは相続人が承継した500万円の返済債務を保証することになるからです。このことは、債権者（銀行）がＡさんに何か起きても借金を返してもらえるように保証契約を締結したことから考えれば、不合理な結論とは言えないでしょう。

ただ、あなたの保証債務の内容はＡさんの死亡によって有利にもならないかわりに不利にもなりません。仮にＡさんの相続人が妻Ｂさんだけであったとすると、銀行からの500万円の請求があった場合あなたは「まずＢさんに500万円を請求せよ」と主張することができます（催告の抗弁権）。

また、Ｂさんが500万を返済するのに十分な土地などの財産をもっている場合は、「まずＢさんの土地について執行せよ」と主張することもできます（検索の抗弁権）。

ただし、Ｂさんが相続を放棄した場合Ｂさんは500万円の返還債務から免れることができますが、あなたの保証債務はこれにより消滅することはありません。このような相続放棄のリスクも想定して債権者（銀行）はあなたと保証契約を締結しているのですから当然の結論なのです。

◆ 借主の相続人が１人しかいないケース

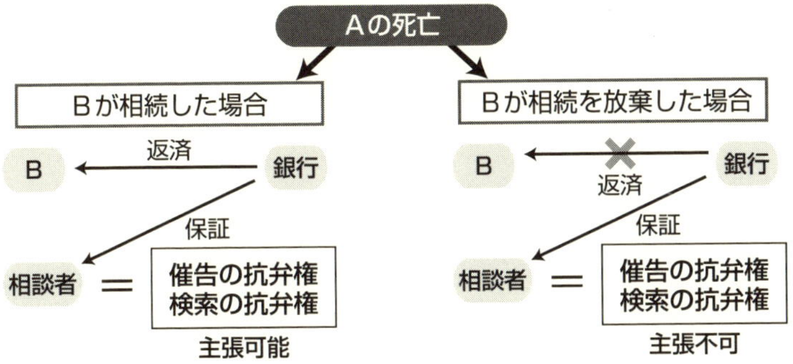

まめ知識　相続と債務の支払

相続が生じると相続人は亡くなった被相続人が持っていた権利や義務をすべて承継することになります。

そのため、被相続人が債務を負っていた場合には、その債務は相続人が引き受けることになります。つまり、被相続人に代わって債務を支払わなければなりません。

ただ、相続人は、被相続人の債務を放棄することができます。放棄の方法には、相続放棄（最初から相続人でなかったことにする手続き）や限定承認（相続する債務を相続する資産の限度に限定する手続き）があります。これらの手続きは、相続人が、自分が相続人になったことを知ったときから３か月以内に、家庭裁判所に申出をしなければなりません。

もし、３か月以内に何もしない場合には、債務を引き受けることになるので注意しましょう。

7 兄弟の借金を代わりに支払えと要求された

支払いを拒絶する意思をはっきりさせること

ケース 私の弟は長年、会社を経営していました。以前は羽振りもよかったのですが、２、３年前から資金難に陥ってしまい、かなりの負債を抱えていたようです。そのためか、１年ほど前から音信不通となっています。

そんなおり、私の家に複数の商工ローンの社員がやってきて、「弟さんの行方がつかめないので、債務を肩代わりして返済して欲しい。兄として当然の義務のはずでしょう」としつこく迫るようになりました。あまりに執拗に要求してくるので、支払おうかとも思うのですが、支払うことは可能でしょうか。

アドバイス

このケースでは、あなた自身が弟さんの借金について、保証契約を結んだわけではありません。そのため、商工ローンに対して債務を負ってはおらず、返済すべき義務はありません。取立てに来た連中が言っていることは、法律の無知に乗じて支払いをさせようとしているだけです。

貸金業法では、債務者以外の者に対してみだりに返済を求めることを禁止しています。あなたとしては、この点を指摘した上で、支払いを拒絶する意思を明確にした内容証明郵便（次ページ）を業者に送るべきでしょう。それでも、しつこく訪問してくるようなら、警察や監督官庁に相談してみてください。

次に、弟さんに代わって、第三者である「あなた」の弁済（返済）が法律的に有効に行えるかを検討します。

民法は次のような規定を置いています。まず、債務者以外の第三者による弁済も原則として自由です。債務者本人が債務を履行しないと無意味な場合（有名画家が肖像画を描く債務など）は債務者以外の者が履行することは許されませんが、今回の場合、貸金の返済ですから、何ら問題ありません。このように、第三者が債務者に代わって弁済するのは、原則として自由ですが、もし、相手の商工ローンが弟さん自身による弁済を求めた場合には、あなたは弁済することができません。

仮に弟さんが自分で払いたいと主張したらどうなるでしょうか。そのときも、兄弟とはいえ、法律上の利害関係のない「あなた」は弟さんに代わって弁済することが認められなくなります。これは、本人の意思を尊重するためです。

一方、あなたが弟さんに代わって弁済した場合、まず、あなたの弁済により弟さんの商工ローンに対する貸金債務は消滅します。そして、あなたは弟さんに対して、立て替えて払った金額を支払えと請求することができます。これを求償権といいます。

書式　債務者の親族から貸金業者に対する違法な取立ての禁止請求書（内容証明郵便）

請求書

私は、○○△△の兄の○○○○と申します。私はこれまで、貴社との間で、金銭消費貸借契約も保証契約も締結しておりません。

ところが、貴社の複数の債権回収の担当者が「兄として当然の義務のはずだ」と主張して○○△△の代わりに債務を支払うよう、連日しつこく迫って参ります。しかし、保証人でもない私にはそのような義務はございません。それどころか、貴社の債権回収担当者の右のような行為は、貸金業法に違反する行為であり、到底許されるものではありません。

つきましては、本書面到達後、直ちに右行為をやめるよう、強く要求致します。

もし、貴社が何らの措置もとられず、右のような行為が続く場合には、監督官庁である金融庁に対して、行政指導、行政処分の願いを致しますことを、念のため申し添えておきます。

平成○○年○月○日

東京都○○区○○1丁目2番3号

○○○○ 印

東京都○○区○○1丁目1番1号

株式会社○○

代表取締役 ○○○○殿

8 知人に保証人になってくれと頼まれた

債務者の資産状況や借金の額をよく検討して総合判断する

ケース 私は、職場の先輩Aさんから、「名前だけでいいから、銀行からの借金の保証人になってくれないか」と頼まれています。Aさんには公私にわたってお世話になっているので断りにくいですし、名前を貸すだけでよいのならば何も不都合はないので承諾しようと思っていますが、何か気をつける点はありますか。

アドバイス

保証とは、主債務者が債務を履行しない場合に主債務者に代わって債務を履行する責任を負うことです。保証は、法律的には債権者と保証人の間で保証契約を締結することで成立します。したがって、主債務者（今回のケースではAさん）は保証契約について無関係な立場にあり、どんなにAさんがあなたに名前だけの保証人だと約束していたとしても、銀行に対して「私は名前だけの保証人であり、履行責任はない」と主張することはできません。ですから、あなたは先輩後輩の関係だけから安易に引き受けるのではなく、Aさんの資産状況や今回の借金の額などから総合的に判断して決めるべきです。

次に、Aさんの保証人となることを決めた場合は保証の種類にも注意する必要があるでしょう。通常の保証人であれば、保証人は「まずは主債務者に催告せよ（催告の抗弁権）」「まずは主債務者の財産から執行せよ（検索の抗弁権）」と主張できる2つの権利をもっていますが、連帯保証人の場合にはこのような権利は認められません。また、根保証（78ページ）の場合には保証金額の定めがないので、知らぬ間に保証金額が膨れ上がる危険性があります。

そこで、保証契約を締結する場合には保証契約の内容を明確にし、後日の紛争を予防するためにも保証契約書として文書化しておく必要があるでしょう。

◆ 保証契約の内容と特徴

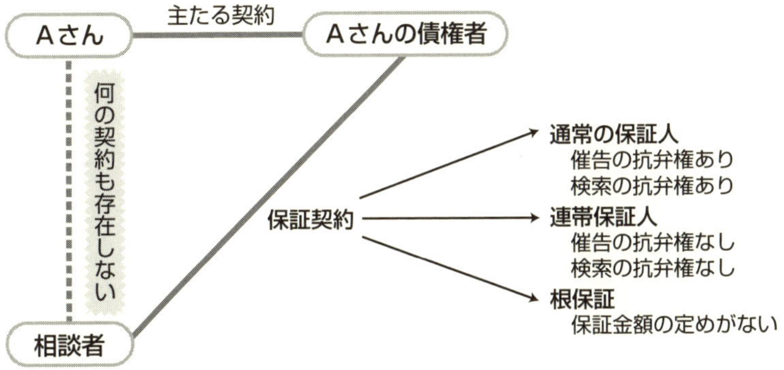

まめ知識　**弟に実印や印鑑証明書を預けてくれと頼まれたが**

実印とは、市役所などにその印影（印鑑を押印したあと）を登録してある印鑑のことです。印鑑証明書とは、「この印影が登録されている」旨を市役所などが証明する書類のことです。実印の押印されている書類と印鑑証明書がそろっていれば、その書類は実印の所有者自身が作成したものと推定されます。安易に実印と印鑑証明書を第三者に預けると、所有者のあずかり知らぬところで文書が作成され、後になってその内容についての責任を追及される可能性もありますので注意してください。所有者自身が否定しても、その推定をひっくり返すことは非常に困難ですので、たとえ身内であっても実印や印鑑証明書を預けるようなことはせず、自分で書類の内容を確認した上でみずから押印し、その場で印鑑証明書を渡すようにすべきでしょう。

9 金額欄を空欄にした委任状を作成するとどうなるのか

金額欄を空欄にすることは危険なので避けるべき

ケース 私は町工場の経営者ですが、月末の資金繰り100万円に困って知人のAに相談したところ、私に代わって金策をしてくれることになりました。ところが「いくらまで借りられるかは交渉しだいだから、金額欄を空欄にした委任状を作成して欲しい」との申出を受けました。そのような書類を作成して、渡してもよいのでしょうか。

アドバイス

委任状は他人に依頼して、自分の代わりに物事を行ってもらう場合に利用されます。通常は、必要事項を全部記入した上で署名押印します。しかし、場合によっては、あなたのように記入事項の一部を空欄にして委任状を作成することもあり、これを白紙委任状といいます。

このような白紙委任状は、空欄の内容によっては、後で予想もしなかったトラブルに発展することがあります。

たとえば、あなたの場合、委任状を受け取ったＡさんが金額欄に500万と不当に補充して、誰かからお金を借りたとします。その場合、後で、あなたが委任したのは100万円の借入れだと反論しても、あなたの署名押印があれば、500万円の借入れを委任したと推定される可能性が高く、それを裁判で争うのも大変困難です。

さらに、あなたが委任したのが100万円の借入れであることを証明できても、民法に定められた表見代理が成立することがあります。

民法110条によれば、相手が委任事項の範囲を500万円の借入れだと信じたとしても、それが当然だと認められるような場合には、あなたに500万円の返済を請求できることになります。

このように、白紙委任状の交付にはリスクが伴うことを十分に承知の上で、書類を作成して下さい。とくに、金額欄を空欄にすることは、最も危険ですから、できれば避けるべきでしょう。

◆ 金額欄を空白にして委任状を交付する危険性

委任状の金額欄に 100 万円の委任であることを記載した場合

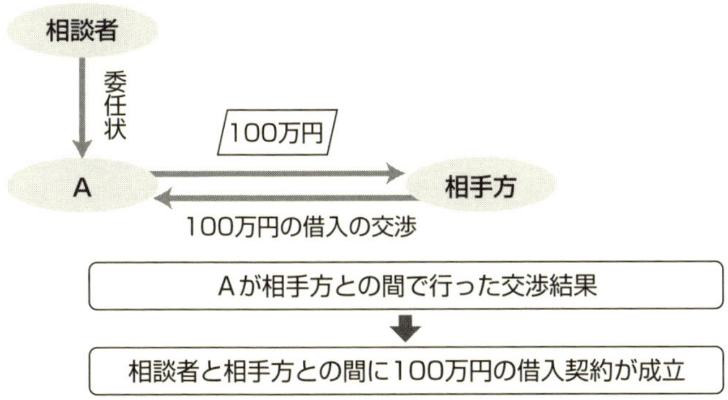
相談者
委任状
100万円
A
相手方
100万円の借入の交渉
Aが相手方との間で行った交渉結果
相談者と相手方との間に100万円の借入契約が成立

金額欄を空欄にした白紙委任状を交付した場合

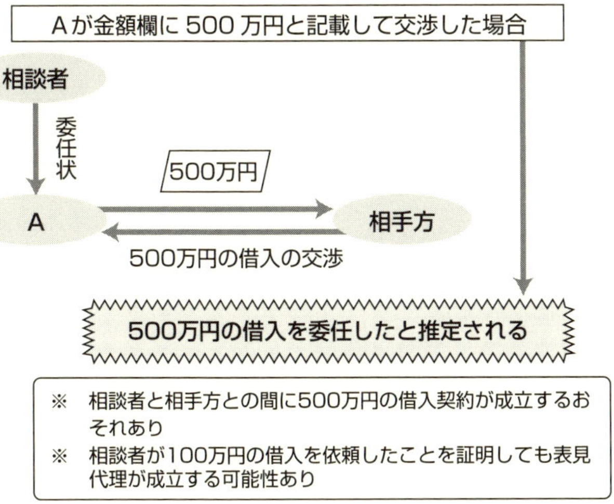
Aが金額欄に 500 万円と記載して交渉した場合
相談者
委任状
500万円
A
相手方
500万円の借入の交渉
500万円の借入を委任したと推定される
※ 相談者と相手方との間に500万円の借入契約が成立するおそれあり
※ 相談者が100万円の借入を依頼したことを証明しても表見代理が成立する可能性あり

10 個人保証をしている会社の破産手続を行うにはどうすればよいのか

個人保証をしている経営者も債務整理すべきである

ケース 私は自動車部品を製作する工場を経営しています。しかし、この不況のために会社経営も行き詰ってきました。家族とも相談した結果、事業から撤退することにしました。聞くところによると、裁判所に破産手続開始の申立てをすれば、債務返済の責任を免れるとのことです。

ただ、私は金融機関からの借り入れに際して、個人として会社の債務を連帯保証しています。手続としてはどうすればよいのでしょうか。

アドバイス

大企業とは異なり中小企業には、担保となる財産は限られています。そのため、銀行や信用金庫といった金融機関から融資を受けるときには、必ずといっていいほど経営者個人が会社の債務を保証します。しかも、その保証は、実際に借入れをした会社と同様の債務を負う「連帯保証」であったり、取引関係一切から生じる債務を保証する「根保証」であったりして、非常に厳しいものとなっています。また、経営者個人所有の不動産に「根抵当権」を設定することもあります。

このような状況のため、中小企業の経営者が会社について「破産手続開始の申立て」をしても、債権者である金融機関は経営者個人に債務の返済を請求してくることになります。

したがって、あなたが会社について債務整理を始める場合には、同時に個人保証をしている部分についても債務整理を始めるべきです。

その場合、会社とは別に経営者個人として保有している財産も処分せざるを得ません。経営者個人の財産を処分して返済が完了するのであればよいのですが、債務超過になるのであれば、会社と同様に裁判所に対して「破産手続開始の申立て」をすることになります。

手続きが複雑ですので、弁護士と相談してみてください。

◆ 会社の債務について連帯保証人となっている場合

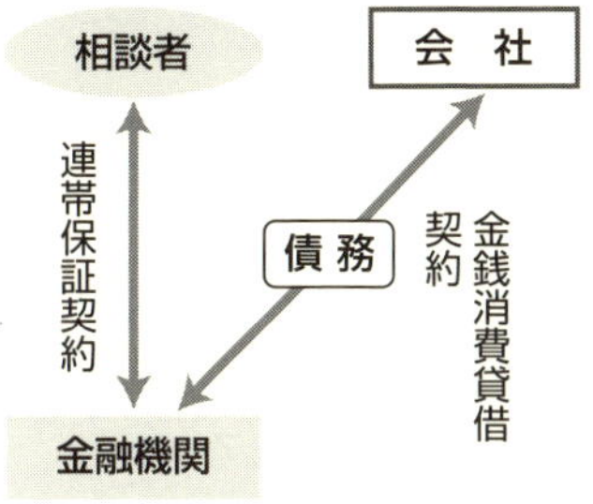

会社だけ破産手続開始の申立てを行った場合

↓

連帯保証人である相談者個人の債務は残る

↓

会社と同時に相談者自身の債務整理も行う必要がある

まめ知識　連帯保証をしたら手形金は全額支払う必要があるのか

借主に手形を振り出させて、これを担保にして金銭の貸付を行うことを手形貸付といいます。手形貸付の連帯保証人になると、請求に応じて手形金額を支払う義務を負うことになります。

ただ、請求された手形金額を全額払わなければならないかというと、そうでない場合もあります。たとえば手形貸付はその実質が消費貸借契約と同視できるので、利息制限法などが適用されますが、実際には手形の満期を越えて貸付が行われ、手形のジャンプ（手形の支払期日を延長すること）が繰り返されていることがあります。この場合、手形額面を見るだけではどれだけ利息分が含まれているのかがわからず、暴利の分まで支払うことになりかねませんから、まずは利息制限法などにより支払債務の残額を算定し、その確定額だけを支払うようにすべきでしょう。

11 時効で消滅したはずの借金の返済を求められた

催促されてから提訴までの期間が6か月以内なら時効は中断する

ケース 5年前に消費者金融から10万円を借りました。その後、一度も返済はしていません。その業者は他社との合併を繰り返していたためか、4年半もの間、何の催促もしてきませんでした。しかし、4年半が過ぎて、内容証明郵便で催促を受けました。消費者金融からの借金は5年で時効にかかり、消滅すると聞いたので、放置しておくことにしました。ところが、お金を借りて5年経った頃、裁判所から訴状が送られてきました。消費者金融会社が、借金返済と遅延損害金を請求する裁判を起こしたのです。私の借金は、時効で消滅したのではなかったのでしょうか。

アドバイス

株式会社などの法人の債権は、5年で消滅時効にかかります。消費者金融から個人が借りたお金も、この債権に含まれます。借りた日から何もしないまま5年がたてば、借金が消滅します。しかし、時効消滅の日までに内容証明郵便などにより請求（催告）を行っていた場合には、一時的に時効が中断します。そして、内容証明郵便などの到達日から6か月以内に裁判所に裁判を起こすと、消滅時効は正式に中断します。期限内に提訴しない場合には、時効中断の効力を失います。

本ケースでは、借金をしてから4年半後に、内容証明郵便で催告を受けています。そして、その6か月以内に提訴されています。そのため、借金の消滅時効は中断していますので、5年経過したことを理由に裁判で勝つことは難しいでしょう。

もし、催告を受けてから提訴までに6か月以上経過している場合には、時効中断の効力を失っていますが、このケースではあなたが勝てる見込みは、ほとんどないといえます。裁判で負けると訴訟費用もあなたが負担することになります。残念ながら、借金は返済して訴えを取り下げてもらうしかありません。

◆ 内容証明郵便と時効中断

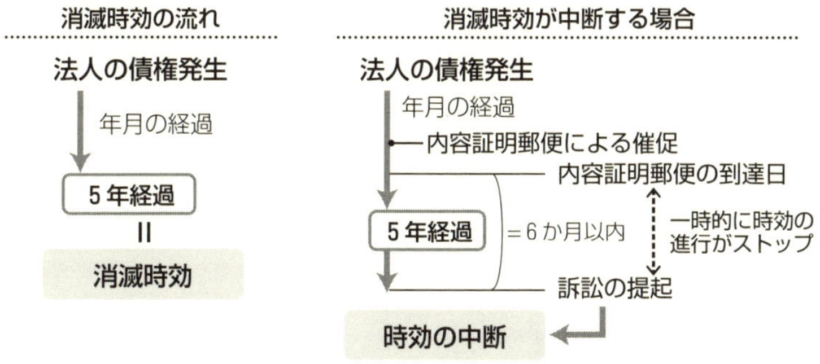

まめ知識　絵画の代金返済を貸金の返済に変更できるか

売主Aと買主Bが絵画の売買契約を締結し、代金の支払いについて保証人Cを立てていましたが、その後Bから絵画代金の返済を貸金の返済に変更し、支払期日を延期してほしいとの申入れがあったとします。Aがこの申入れを受け入れれば、契約を変更することは可能です。このように、何らかの理由で負担していた金銭の支払義務を、後からお金を借りたことに変更する契約を、準消費貸借契約といいます。この契約を締結するとき、Cはもとの売買契約と同様に、新しい準消費貸借契約においても保証人となるのでしょうか。この例の場合、「債務の弁済」という契約の主要部分については変更がありませんから、旧債務と新債務には同一性があると認められます。したがって、Cは準消費貸借契約についても保証の義務を負うことになります。

12 売掛債権が譲渡されたが同額の貸付債権と相殺したい

弁済期が到来していれば相殺できる

ケース 私の経営するA社は、取引先のB社に500万円の売掛金債務を負っています。もっとも、A社はB社に同額の貸付債権を持っていたので、私は当然に両者が相殺されると考えていました。ところが、突然、B社はA社に対する売掛金債権をC社に譲渡してしまい、その旨の債権譲渡通知を送付してきました。この場合、A社はもはやB社に対して相殺の主張ができないのでしょうか。

アドバイス

結論から言いますと、A社は相殺が可能で、それをC社に対しても主張できます。

まず、B社がA社に対する売掛金債権をC社に譲渡した時点で、三者の法律関係を整理してみます。B社がA社に対する債権をC社に譲渡したことによって、A社とB社の間では、A社がB社に債権を持っているだけの状態になり、相殺に必要な債権の対立関係が消滅しています。これでは、相殺ができないのが原則のはずです。しかし、判例は、このように、対立する債権の一方が譲渡された場合でも、相殺が可能であるとしています。ただし、実際に相殺するためには、A社のB社に対する債権の弁済期が到来している必要があります。B社のA社に対する債権の弁済期が到来している必要はありません。なぜならA社は期限の利益（期限が到来するまでは履行しなくてよいという債務者の利益のこと）を放棄することによって弁済期が到来したのと同じ状態にできるからです。

まとめると、①B社がA社に対する債権をC社に譲渡しても、A社が相殺を主張することができる、②その相殺によって、B社が譲渡した債権の消滅をC社に主張できる、③ただ、実際に相殺するためには、A社のB社に対する債権が相殺の時点で弁済期になっている必要がある、ということになります。

◆ 債権譲渡した相手に相殺を主張する場合

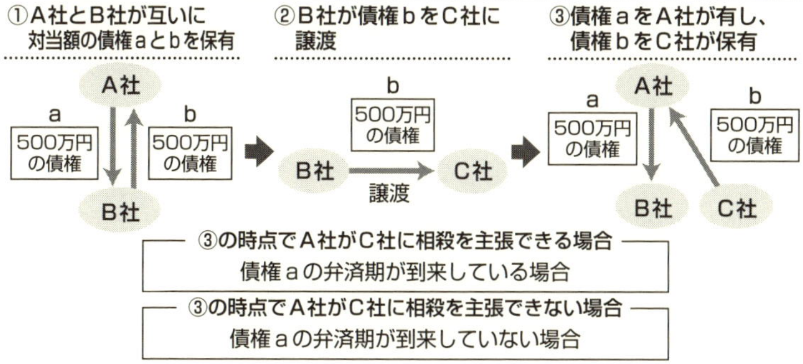

まめ知識　債権譲渡の通知を受けたらだれに支払えばよいのか

債権者AがBに債権を譲渡したとの通知を受けた場合、債務者はBを新しい債権者として支払いを行うことになります。

このとき注意しなければならないのが、債権の二重譲渡です。AがBだけでなくCに対しても同じ債権を譲渡していた場合、債務者はどのように対応すればよいのでしょうか。まず、債権譲渡通知に確定日付（変更のできない確定した日付のこと）があるほうが債権者となります。両方に確定日付がある場合は、譲渡通知が債務者に到達した日が早いほうを債権者として扱います。なお、いずれの通知にも確定日付があり、同日に債務者に到達したという場合や、到達の先後がわからない場合、債務者には債権者がだれかを判断することができませんから、債権者不確知を理由として供託することによって履行遅滞となるのを免れる方法を取ることができます。

13 手形貸付による融資を受けたいのだが

手形の振出人には重い責任があるので注意する

ケース 私は、街の金融業者に300万円の融資を申し込んだところ、担保として自宅に抵当権を設定するか「手形を振り出し担保に入れる手形貸付ならば融資する」と返事がありました。抵当権の設定手続は面倒なので、手形貸付で融資を受けたいと思っています。しかし、以前新聞で手形詐欺の記事を読んだことがあるため手形貸付に対して不安もあります。

アドバイス

商取引における決裁手段である手形には、約束手形と為替手形の2種類があります。約束手形とは、手形の振出人が一定の期日に一定の金額を受取人に対して支払うことを約束した証券のことです。

この約束手形による貸付は、手形を振り出すだけで簡単に行うことができます。

ただ、手形は第三者に転々と流通をするものであるために手形取得者の取引の安全を図る必要があります。そのため、手形振出人には重い責任が課されています。

たとえば、民事上の消費貸借であれば、あなたが300万円のうち200万円を貸主に返済した場合、この債権が貸主から第三者に譲渡されたとしてもあなたは200万円の弁済を債権の譲受人である第三者にも主張できるのが原則です。

しかし、これが手形となると話は別で、あなたが200万円を貸主に弁済済みでも、貸主からの手形の譲受人には原則としてこれを主張することはできなくなります。

たとえ騙されて手形を振り出したような場合でも、期日が到来したら、あなたは手形金の支払義務を免れることはできないのです。そもそも、手形の振出というのは、手形面上に記載された金額を手形の所持人に対して支払うという意思表示なのです。そして、手形の性質として、その振出の原因と手形金の支払義務とは全く無関係なものとされています。

また、一定期間内に手形不渡り（手形の呈示がなされたにも関わらず手形金が支払われないこと）を２回繰り返すと銀行取引停止処分という制裁があり、現代の取引社会においては銀行抜きで取引することは不可能ですから、会社であれば事実上の倒産となるでしょう。

さらに、手形は人から人へ転々と譲渡されることが予定されており、その過程で変造（手形上の記載に、無権限の他人が変更を加えること）される危険性もあります。手形を利用した手形詐欺も後を絶ちません。

あなたが手形貸付で融資を受けた場合の対処法は２つだけになります。第１は、支払期日までに手形を回収することです。ただ、手形の所持人から安易に手形を買い戻すようなことはしないで下さい。所持人の目的は、そこにあるからです。第２の方法は、期日に手形金を支払うことです。ここで手形金を支払わなければ、理由はどうあれ、手形の不渡りを出したことになってしまうからです。事業を継続するためには、それだけは避けなければなりません。

あなたも手形貸付のリスクも考慮して手形貸付で融資を受けるべきかどうか判断すべきでしょう。

◆ 手形の振出し→譲渡→支払いの流れ

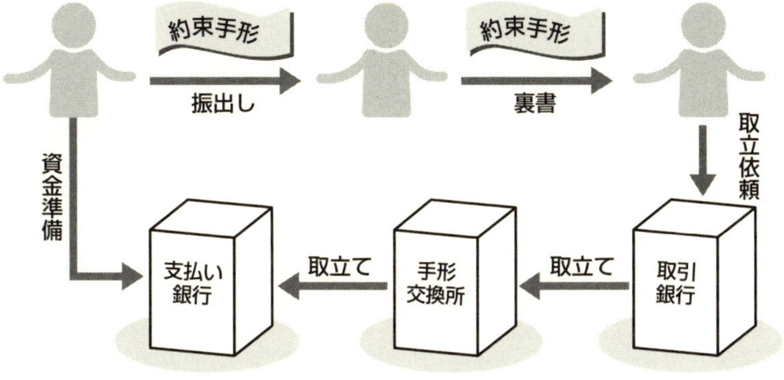

14 「今後は専業主婦に貸すのは難しくなる」と言われたが

総量規制で借りられないのが原則だが配偶者貸付という特例もある

ケース 私は、突発的な出費でどうしようもない場合だけクレジットカードについていたキャッシングを利用していました。ところが先日、金融会社に勤めている友人に、「今後は収入のない専業主婦の場合にはキャッシング機能を使えなくなる」と言われました。本当なのでしょうか。

アドバイス

貸金業者は、顧客の返済能力の調査をした結果、その貸付け契約が個人過剰貸付契約にあたると判明した場合や、その貸付けが顧客の返済能力を超えた貸付けにあたると判明した場合には、貸付けの契約を結ぶことができません。個人過剰貸付契約とは、個人の顧客に対して貸金業者が貸付けを行う契約（住宅資金貸付契約と極度方式貸付けにかかる契約を除きます）において、その顧客に関する個人顧客合算額（個人顧客に対する他の貸金業者の貸付け金額を合わせたもの）がその個人の顧客の年収の3分の1を超えることになる契約のことです。このように、年収などの3分の1を超える貸付けの契約をしてはならないことを、総量規制と言います。簡単に言うと、個人が貸金業者からお金を借りる場合に、その借入額の上限を年収の3分の1に制限するものです。

以前は専業主婦でも、夫の収入に応じて借り入れをすることができました。あなたがクレジットカードのキャッシングを利用できたのもこのためです。しかし、総量規制が導入された今、専業主婦は原則として、消費者金融やクレジットカードのキャッシングを利用できなくなりました。

ただ、この総量規制の導入とともに、配偶者貸付という特例も設けられています。配偶者貸付は、無収入の人も、配偶者の収入や、借り入れに対する同意、婚姻関係を証明する書類などを提出すれば借り入れをすることができる、というものです。したがって、あなたが今後貸金業者からお金を借りる場合には、配偶者の収入証明書のほか、配偶者の同意書、住民票などの夫婦関係証明書を提出する必要があります。そうすればキャッシングを利用できるでしょう。

ただ、配偶者貸付の特例については、貸金業者の多くは積極的に利用していない、という現状があります。配偶者貸付を行うためには通常の貸付よりも事務処理の手間と費用が余分にかかるため、と言われていますが、こうした業者の場合には専業主婦への貸付けを一律に停止する場合も多いので、あなたの利用しているカード会社がどのような方針をとっているのかを確認した方がよいでしょう。

なお、総量規制は貸金業者による貸付けが対象です。貸金業者ではない銀行などによる貸付けは、総量規制の対象ではありませんから、これを利用する方法もあります。

◆ 総量規制と配偶者貸付

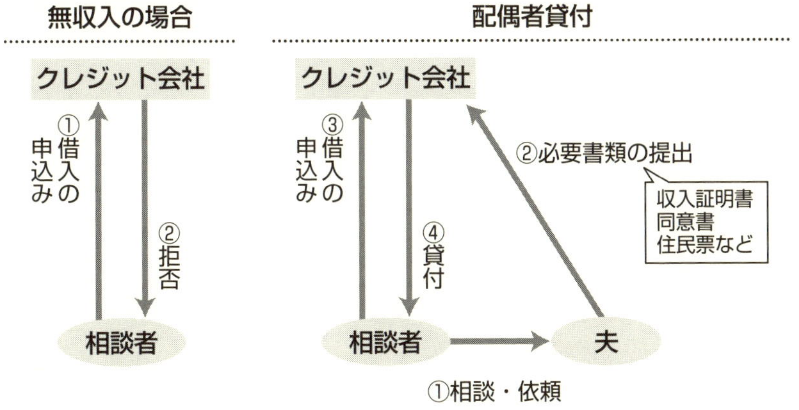

15 貸金業者に収入の状況がわかる書面の提出を求められたが何に使うのか

返済能力の調査の際に使用する

ケース 現在、貸金業者のＡ社とＢ社から、それぞれ40万円ずつ借入れています。どうしても資金が必要なので、新たにＣ社から35万円を借り入れようとしたところ、収入を明らかにする書面を提出するように求められました。この書面は何に使われるのでしょうか。

アドバイス

貸金業法の規定によると、貸金業者は、顧客と貸付けの契約を結ぶ場合、その顧客の返済能力を調査しなければならない、とされています。これは、返済能力以上の貸付けを行うことを防止するために定められました。返済能力の調査をする場合、具体的には指定信用情報機関が保有する信用情報を使用することになっています。指定信用情報機関とは、貸金業者が顧客や債務者に対して過剰に貸付するのを抑制することを目的として設置された機関で、貸金業者は、この指定信用情報機関が保有する信用情報を利用することで、顧客や債務者の借入状況を把握することができるようになっています。

また、次の場合、貸金業者は返済能力の調査のために、個人の顧客から源泉徴収票など、その顧客の資力を明らかにする情報の提供を受けなければならないとも定められています。

① 貸付けの金額（極度方式基本契約のときは極度額）が、貸金業者によってすでに貸し付けられている貸付け残高（極度方式基本契約のときは極度額）と合わせて（この額を貸金業者合算額といいます）50万円を超える貸付けに係る契約

② 貸付けの金額（極度方式基本契約のときは極度額）が貸金業者によってすでに貸し付けられ

ている貸付け残高（極度方式基本契約のときは極度額）と指定信用情報機関から提供を受けた信用情報により判明した個人顧客に対する他の貸金業者の貸付け金額を合わせたもの（個人顧客合算額）が100万円を超える貸付けに係る契約

極度方式基本契約とは、あらかじめ定めた条件にしたがって金銭を返済することを条件に、借りることのできる金額を決めておき（この金額を極度額と言います）、その金額内で貸し付けることを言います。リボルビング契約は極度方式基本契約の典型例と言えます。

あなたの場合、A社とB社からの借り入れが現時点で80万円あり、そこにさらにC社から35万円を借り入れようとすると、残高合計が105万円となります。つまり、上記の②のケースに該当するので、C社から収入を明らかにする書面の提出が求められたのです。

したがって、この書面は、C社があなたの返済能力を調査する際に利用することになります。

なお、あなたがC社にすでに直近の期間のものについての源泉徴収票などを提供している場合は、さらに提供する必要はありません。

◆ 収入を明らかにする書類の提出を求められるケース

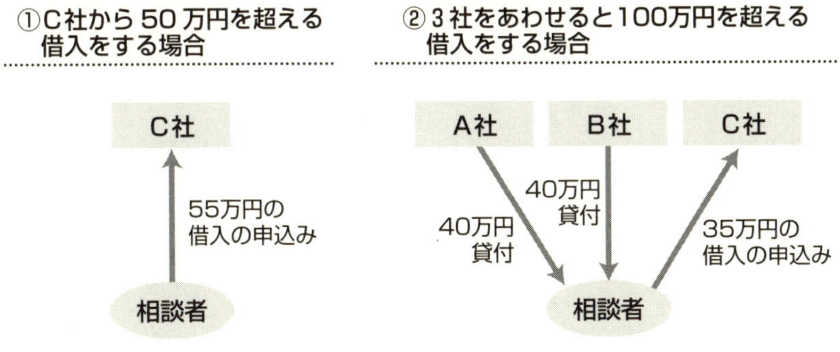

①②のケースに該当する場合

C社は相談者の資力を明らかにする情報の提供を受けなければならない

16 貸金業者に「指定信用情報機関に情報を提供する」同意を求められたが

個人信用情報は本人の同意を前提として関係機関が利用する

ケース A社からお金を借りようとしたところ、指定信用情報機関に情報を提供することについて、同意を求められました。情報が提供されると、どうなるのでしょうか。

アドバイス

指定信用情報機関とは信用情報の提供などを行う法人のことで、顧客に対する過剰な貸付を防止する上で重要な役割を果たしている組織です。具体的には、(株) 日本信用情報機構、(株) シー・アイ・シーが指定信用情報機関として指定を受けています。

指定信用情報機関は、他の指定信用情報機関から個人信用情報の提供の依頼を受けたときは、原則として、その依頼に応じて個人信用情報を提供しなければなりません。個人信用情報とは、信用情報（借入金の返済能力についての情報のこと）のうち氏名や住所など顧客を識別することができる事項、契約年月日、貸付けの金額などのことです。

一方、貸金業者は、指定信用情報機関と信用情報提供契約（信用情報を提供することを内容とする契約）を結んだときには、事前に貸付に際して顧客との間で締結した契約のうち、信用情報提供契約を結んだ時点で貸付けの残高があるものについて、顧客の個人信用情報を指定信用情報機関に提供しなければならない、とされています。

また、貸金業者は、個人の顧客との間で貸付けの契約を結んだときは、遅滞なく、その契約についての個人信用情報を加入指定信用情報機関（信用情報提供契約を結んだ指定信用情報機関のこと）に提供しなければなりません。

貸金業者はこうした義務を果たすため、加入指定信用情報機関に顧客の信用情報の提供を求める場合について、あらかじめ、顧客から書面やメールなどによって同意を得ておかなければなりません。

具体的には、以下の同意が必要です。

① 顧客についての個人信用情報を加入指定信用情報機関に提供する旨の同意

② ①の個人信用情報を加入指定信用情報機関が、その加入指定信用情報機関の他の貸金業者に提供する旨の同意

③ ①の個人信用情報を加入指定信用情報機関が、他の加入指定信用情報機関の依頼により、他の加入指定信用情報機関に加入する貸金業者に提供する旨の同意

あなたの場合も、A社と借り入れ契約を結ぶにあたって、上記の同意を求められたわけです。あなたからの同意を得たA社は、その情報を加入指定信用情報機関に提供します。その情報は、A社を含む指定信用情報機関を利用する加入貸金業者などがあなたの信用情報を確認する必要が生じた時に利用することになります。

◆ 信用情報機関の情報利用と過剰貸付の抑制

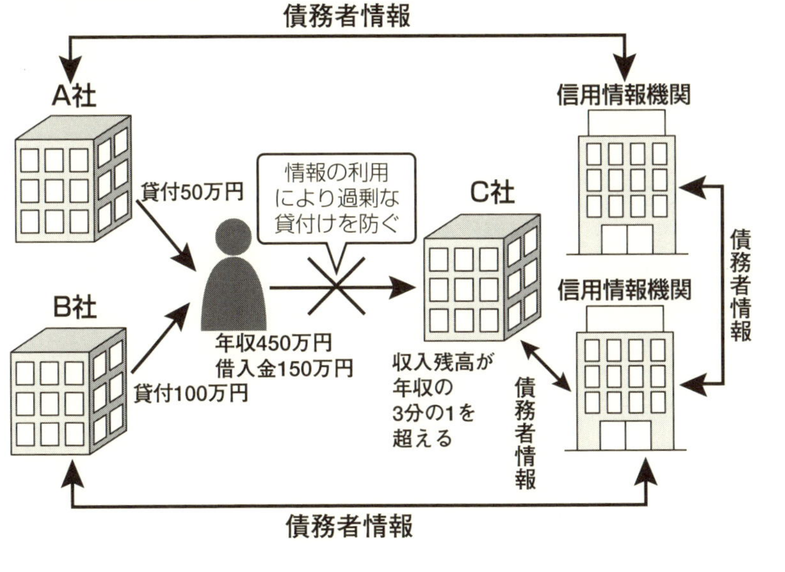

17 契約トラブルについて法律相談に行くときには、どんな準備をすればよいのか

情報を整理した紙や契約書などを持っていくとよい

ケース 先日、消費者金融から一時的に借入れを行ったのですが、返済額や利率に納得がいかない点があります。私がカン違いしているだけなのかもしれませんが、弁護士の先生に相談をしたいと思っています。ただ、有料相談の場合には、漫然と何の準備もせずに行ったのでは時間がムダになってしまうように思います。

相談にあたってどのような準備をしておくとよいでしょうか。

アドバイス

まず、相談に行く前に、最低限、「債権者名」「債権者ごとの現在の債務額・取引開始時期」を整理して紙に書いておくとよいでしょう。その紙を弁護士などの相談相手に渡すと、相談がスムーズに進み、時間とお金が有効に使えるはずです。また、消費者金融の場合、経験を積んだ弁護士であれば、会社ごとの利率はわかっていますが、クレジットカードの場合、金融商品の種類によって利率が異なることがありますので、もし利率がわかるようでしたら、これも書いておくとよいでしょう。

そのほか、簡単な家計表（収入と主な支出をまとめたもの）も用意することをおすすめします。

前述した情報を整理した紙のほかに、借入の際の契約書、弁済の際の領収証（明細書）、クレジットカードの請求書などがあれば、それも持って行ったほうがよいでしょう。

ただ、これらはあくまでも情報を整理した紙の補足と考えてください。情報を整理せずに、これら契約書や領収書を持っていくと、そこで初めて整理をすることになるので、相談によけいな時間がかかってしまうことになります。

PART 3

クレジット契約をめぐるトラブル

1 商品を分割払いで購入する場合どのような方法があるのか

割賦販売法が想定している5つの分割払い方法がある

ケース 先日、家電量販店で、パソコンを見ていたところそのお店独自の分割払いを利用できるということでしたので、それを利用して購入しました。クレジットカードがなければ分割払いはできないと思っていたので驚きました。しかし、実際に違いはあるのでしょうか。

アドバイス

商品の代金を何回かに分割して支払う販売方式のことを割賦販売といいます。割賦販売は支払方法や割賦金利といった点で複雑な契約であるため、当事者が不利益を被らないように、割賦販売法でルールが定められています。

相談者が利用した分割払いの販売方法は、売主と買主の間で、直接割賦販売が行われる自社割賦と呼ばれる販売方法です。これも、割賦販売という割賦販売法で規制される販売方法の一つです。分割払いと聞くとクレジットカードを連想してしまいがちですが、割賦販売法で規制されている販売態様はクレジットカードを用いるものに限りません。

具体的には、①割賦販売、②ローン提携販売、③包括信用購入あっせん、④個別信用購入あっせん、⑤前払式特定取引の取引に、割賦販売法が適用されます。それぞれの取引について具体的に説明しておきます。

①　割賦販売

物品やサービスの代金を、分割で支払うことを約束して売買を行う販売形態のことです。売主と買主の間で、直接割賦販売が行われるため、自社割賦と呼ばれることもあります。相談のケースはこの取引にあたります。

②　ローン提携販売

提携金融機関を介しての販売形

態を言います。

③　**包括信用購入あっせん**

商品の購入やサービスの提供を受ける際に、売主との間に介在して、代金支払の取扱いを代行する場合で、クレジットカードの利用はこれにあたります。限度額の中で包括的に与信をするタイプを包括信用購入あっせんと呼びます。

④　**個別信用購入あっせん**

クレジットカードを使用せずに、商品を買うたびに個別に契約し、与信（信用を与えて代金の支払時期を商品等の引渡時期よりも遅らせること）を行うものです。クレジット契約・ショッピングローンなどと呼ばれています。

⑤　**前払式特定取引**

経済産業大臣の許可を受けた特定の事業者に対し、会費などの名目で代金を支払うことで特定の物品やサービスの提供を受けることができる取引のことです。百貨店やスーパーの友の会などに入会する場合がこの取引にあたります。冠婚葬祭互助会に加入した場合もこの取引にあたります。

このように、割賦販売には様々な種類がありますが、いずれの取引でも販売と代金の支払いが同時期に行われない契約は、信用取引として割賦販売法の規制対象になる可能性があります。一消費者としては、商品の販売形態を把握しておくとトラブルが生じた際に対応しやすくなります。

◆ 割賦販売のしくみ

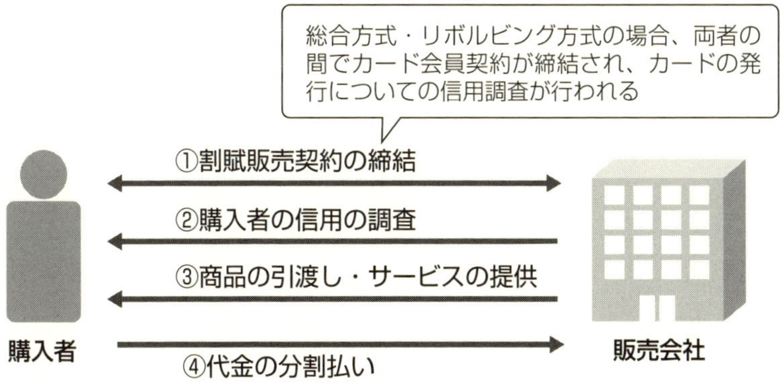

2 クレジットカードを利用して一括払い以外の方法で支払う場合は

支払回数を指定する方法と月々の支払額を一定にする方法がある

ケース 最近はクレジットカードで買い物を済ませることが多いせいか、カード会社からの請求額を見て、金額の多さに驚くことがあります。毎月の支払が一定だというリボ払いが便利そうだと思うのですが、約款を読んでも割賦販売や限度額などについて細かく書いてありよくわかりません。カードで買い物をする場合、どのような支払方法があるのでしょうか。

アドバイス

割賦販売法は、代金の支払方法について、①個品、②総合、③リボルビングという3つの支払方式を想定しています。

①の個品とは、個々の商品やサービスについてそれぞれ割賦払契約や金銭消費貸借契約を締結するものです。

②の総合は、あらかじめ上限金額を決めておき、限度額の範囲内であれば何度商品やサービスを購入利用してもよい、というものです。

②の場合、支払の際にクレジットカードを提示することになります。そのときに、支払回数を一括払いにすることも分割払いにすることも可能です。

一方、③のリボルビングとは、クレジット等の上限金額と月々の支払額を決めて契約をし、その範囲内であれば何度商品やサービスを購入してもよいという支払方式です。このリボルビングは、いわゆるリボ払いと呼ばれる販売方法です。分割払いとよく似ていますが、分割払いが商品を購入するつど支払代金・回数が決められるのに対し、リボルビング払いでは購入商品の額にかかわらず、1回ごとの支払額があらかじめ定められています。

あなたはふだんからクレジット

カードで買い物をしていることが多い、ということですから、割賦販売法上は、②の総合という方法で代金の支払を行っていることになります。

一括で支払っている場合もあれば分割で支払っていることもあるでしょう。ただ、いずれにしても支払時に指定した回数で、その商品の代金についてのカード会社への返済を終えることができるのが総合という方法での支払です。

一方、あなたが利用を検討しているリボ払いという方法は、確かに毎月の支払額は一定となりますから、カード会社からの請求額を見てびっくりする、といった事態になるのを防ぐことはできます。

ただ、購入の回数や額の合計にかかわらず、毎月の支払額が一定であるということは、借り過ぎになりやすい、ということにもつながります。

したがって、単に毎月の支払い額が一定になって便利だから、という理由で安易にリボ払いとするのはやめたほうがよいでしょう。

◆ リボ払い（定額）の利用例

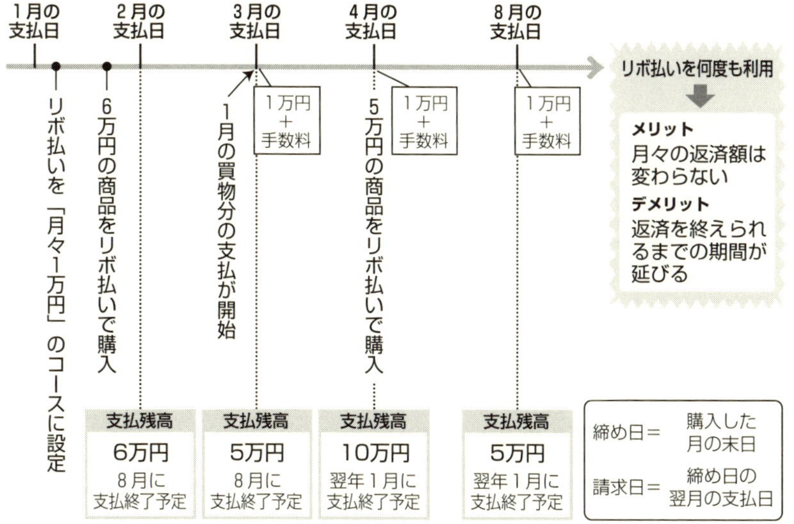

3 広告や書面の受取りにあたって注意すべきことは何か

月々の金額に惑わされずに総支払額を冷静に判断することが重要

ケース 近所の宝石店のチラシの広告に、「本真珠のネックレスが4,000円で入手可能！」と書かれていたのでその宝石店に買いに行ったところ、「金額は、当社がご用意している半年にわたる4回の分割払いによる支払を選択した場合の月々の支払料金です」と言われました。このような広告は許されるのでしょうか。

アドバイス

ケースのような宝石店は割賦販売業者に該当します。割賦販売法で定める割賦販売とは、販売業者・役務提供事業者が、商品などの対価を2か月以上の期間にわたり、かつ、3回以上に分割して受領することを条件に政令で指定された商品などの販売を行うことで、政令で指定された商品・権利・役務が対象となります（次ページ）。

広告をする際には、支払方式に応じて支払期間や支払回数、利率といった法定事項を一括して表示しなければなりません。また、割賦販売契約を締結した場合、必要事項を記載した契約書面を交付しなければなりません。個品方式と総合方式の必要事項は、①商品などの割賦販売価格、②1回ごとの支払分（賦払金といいます）の額、③賦払金の支払時期および方法、④商品等の引渡時期、⑤契約の解除に関する事項、⑥所有権の移転に関する定めがあるときはその内容、⑦その他割賦販売法施行規則で定められている事項、です。

リボルビング方式の場合、上記の④～⑦に加えて、現金販売価格・弁済金の支払方法について明示しなければなりません。また、リボルビング方式の場合、代金請求の際に、あらかじめ支払時期・支払金・算定根拠を明示した書面を購入者に対して交付することになっています。

宝石店であれば常にこのような割賦販売法の規制対象になるとは限りません。たとえば、支払形態が翌月１回払いの形態であれば、割賦販売法の規制対象にあたりません。ただ、ケースのように割賦販売法の規制対象となる形態で宝石の販売を行う場合には、商品の広告の態様が規制されています。具体的には割賦販売価格や支払時期、契約の解除に関する事項を伝える必要があります。手数料や利息といった事項も記載し、消費者が誤解してしまうような記載は避けなければならないことになっています。

ケースのような宝石店のチラシはそれを怠ったものといえますから許されるものではありません。どうしても商品を購入したい場合には、前述した内容について契約書面を、十分に確認したほうがよいでしょう。

◆ 割賦販売法の規定する指定商品・指定権利・指定役務

種 類	指定されている対象物
指定商品（抜粋）	真珠・貴石・半貴石、幅が 13 ㎝以上の織物、履物及び身の回りの品を除く衣服、ネクタイ・マフラー・ハンドバッグ等の装身具、履物、書籍、ビラ・パンフレット・カタログ等の印刷物、ミシン・手編み機械、はさみ・ナイフ・包丁等の利器、浄水器、レンジ、天火、こんろ等の料理用具、化粧品、化粧用ブラシ・化粧用セットなど 54 項目。
指定権利	①人の皮膚を清潔・美化し、体型を整え、または体重を減らすための施術を受ける権利、②保養のための施設またはスポーツ施設を利用する権利、③語学の教授を受ける権利、④学校や専修学校の入学試験のための備えや学校教育の補修のために学力の教授を受ける権利、⑤児童・生徒・学生を対象としている、サービスを提供する事業者の事業所で行われる、入学試験への備えや学校教育の補習のための学力の教授を受ける権利、⑥電子計算機・ワードプロセッサーの操作に関する知識・技術の教授を受ける権利、⑦結婚を希望する者を対象とした異性の紹介を受ける権利。
指定役務（抜粋）	人の皮膚を清潔・美化し、体型を整え、または体重を減らすための手術を行うこと、入学試験の備えまたは学校教育の補習のための学力の教授、結婚を希望する者を対象とした異性の紹介、など 10 項目。
前払式特定取引の指定役務	婚礼・結婚披露のための施設の提供・衣服の貸与その他の便益の提供およびこれに附随する物品の給付、葬式のための祭壇の貸与その他の便益の提供およびこれに附随する物品の給付。

4 期限の利益喪失約款があると即日一括払で請求されてもしかたないのか

支払を怠った日から20日以上経過しなければ請求に応じる必要はない

ケース 先日、車を購入したのですが、帰り際に担当者から渡された契約書を見たところ、「支払を怠った場合には直ちに残金を一括請求する」という条項がありました。車は、その販売店と分割払いで購入する契約を交わして買ったのですが、こんな条項がついていることは全く知りませんでした。支払が１日遅れただけでも残金を一括で支払わなければならないのでしょうか。

アドバイス

質問のケースはいわゆる期限の利益喪失約款という条項です。

多くの分割払いの販売契約では、債務者が定められた支払金を払わない場合、債権者は期限の利益（支払期限までは代金を支払わなくてよいという債務者の利益のこと）を喪失させ、残価の一括での支払いを要求することが多いようです。これは、売主の債権を確保するために付される条項で、一般的に行われています。

ただ、割賦販売法では、期限の利益を喪失させるためには20日以上の期間を定めて催告しなければならない、という義務を販売業者に対して課しています。

割賦払いを少し怠っただけで解約されてしまうというのは購入者に酷であるため、このような業者の解除権を制限する規定が置かれているのです。

また、仮に解除されたとしても、購入者に不当な賠償金が請求されることのないように、損害賠償額を一定の範囲に制限する規定が置かれています。

ケースの場合、契約書には、「直ちに」と規定されているようです。しかし、割賦販売法によると、支払を怠った場合、解除にともなって残金を一括請求されるとしても、それまでの期間については前述のように「20日」以上の期間を空けなければならないことになっています。

したがって、この「直ちに」と規定されている部分については従う必要はないでしょう。

仮に、相談者が実際に支払を滞らせてしまった場合であっても、少なくとも20日たたないうちに販売店が解除することはできないでしょう。

ただ、実際に契約を締結した以上、特約を理由に契約解除や損害賠償請求を求められる可能性があることは、消費者側もある程度知っておく必要があります。

いくら割賦販売法などで契約解除について制限が設けられているといっても、その制限の範囲内であれば当然その特約は有効です。また、適法か違法かのボーダーライン上にあるような規定があった場合には、裁判などの形で業者と長期にわたって争うようなことにもなりかねません。

ケースの場合も、そのようなトラブルに巻き込まれないためには、契約を締結する前に、きちんと契約書や約款の内容を確認し、不明な点があったら業者に確認した上で納得して契約することが必要だったと言えるでしょう。

◆ 割賦販売を行う事業者に対する規制

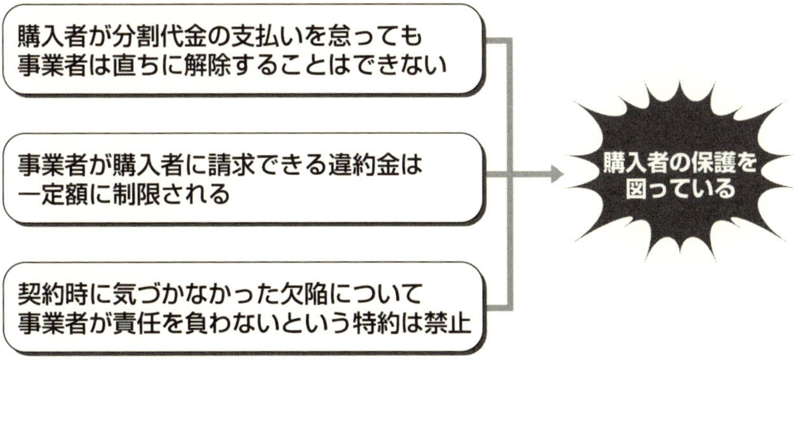

購入者が分割代金の支払いを怠っても
事業者は直ちに解除することはできない
事業者が購入者に請求できる違約金は
一定額に制限される
契約時に気づかなかった欠陥について
事業者が責任を負わないという特約は禁止
購入者の保護を
図っている

5 購入した家具の所有権が製造業者に留保されていた

事情を知らない第三者は即時取得を主張できる可能性がある

ケース 半年前に家具販売店でタンスを現金で購入したところ、突然タンスの製造業者が我が家にやってきて、所有権留保特約をつけているから、と言って、私が購入したタンスを持って行くといって聞きません。私はそのようなことを言われる筋合いはありません。詳しく話を聞くと、タンスの販売店が倒産し、製造業者への支払が滞ったままだということがわかったのですが、私はどうすればよいのでしょうか。

アドバイス

割賦販売は、売主側から見ると、商品が手元に残らない上に、買主が何らかの事情で支払いを滞らせ、代金を回収できない、というリスクがあります。そのような売主のリスクを分散させるために行われているのが、「代金を回収できない状況になったときは、かわりに対象の商品を回収する」という方法です。売買の対象が動産である場合には、抵当権の設定にかわる方法として、担保が設定されることがよくあります。これが所有権留保と呼ばれるもので、売買契約書に所有権を留保する旨の特約を設けるという方法で行われます。

所有権が売主に留保されている場合、買主と売主の契約のことを全く知らない第三者が関わってくると、難しい問題が発生します。

本ケースのように、販売店がタンスを第三者に売却後、タンスの代金の大半を製造業者に支払わないまま倒産した場合、タンスの所有権がどこにあるのかをめぐって、トラブルになることがあるのです。

つまりあなたはこの場合、第三者の立場となるのです。

製造業者からすると、契約書どおり所有権を主張するのは当然の権利だということになるでしょう。

一方、あなたにしてみれば所有権の所在を知らないまま販売店に代金を払い、自分の物になったはずのタンスを、なぜ見知らぬ製造業者に引き渡さなければならないのか、ということになります。

このような問題について、判例では、おおむね第三者の権利を保護する姿勢をとっています。その理由は、①製造業者は、支払いの途中で販売店が客に転売することを認知している、②製造業者は、販売店の経営状況を容易に確認できる、③第三者が販売店に代金を払い、タンスの引渡しを受けることで所有権を即時取得（取引によって動産を取得した場合、たとえ後で譲渡人が無権利者であったことが発覚したとしても、権利の取得が認められる制度）したと考えるのは当然で、製造業者が所有権留保を主張するのは信義則（権利者であっても権利の行使は相手の信頼を裏切らないように誠実に行わなければならないというルールのこと）違反にあたるといったことが挙げられています。

あなたの場合も、販売店と製造業者との間では所有権留保特約が結ばれてはいますが、商品はあなたに転売されています。家具のような動産の場合、即時取得という民法のルールによって、製造業者は家具を購入したあなたに対しては所有権を主張できません。

したがって、家具の所有権が製造業者に留保されている事実をあなたが把握していたのではない限り、あなたは即時取得を主張することができると言えます。

◆ 所有権留保のしくみ

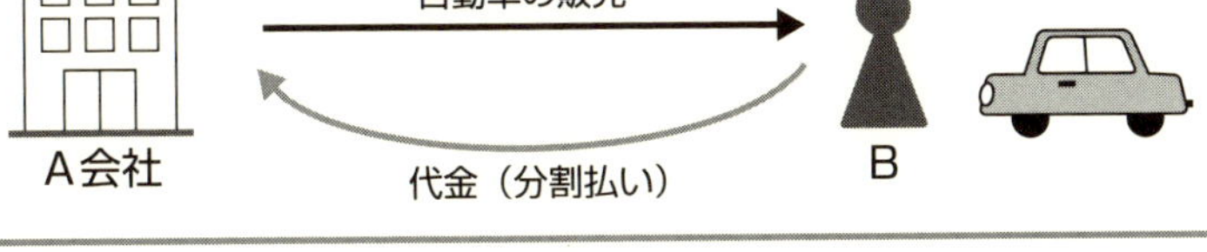

自動車はBに引き渡されるがBが代金を完済するまで所有権はAの下に留保される

6 提携ローンというのはローン提携販売と違うのか

ローン提携販売と提携ローンは別物である

ケース 販売店の取引銀行との間で提携ローンを組むと、低金利で車を購入できると聞いて、購入を決意しました。契約のために色々と調べていたのですが、ローン提携販売の場合には期限の利益喪失条項が通常の割賦販売よりも消費者に条件が厳しいことがわかりました。担当者が話していた提携ローンとは内容が異なる感じがするのですが。

アドバイス

ローン提携販売とは、消費者が、カードなどを利用して商品を購入する際に、商品等の代金を金融機関から借り入れ、2か月以上の期間にわたり、かつ、3回以上に分割して金融機関に返済することを条件に、販売会社が消費者の債務を保証する販売方式をいいます。

ローン提携販売のしくみは、まず買主が販売業者と売買契約を結ぶ際、買主と金融機関の間で金銭消費貸借契約（借主が金銭を貸主から受け取って、それと同額の金銭を後で返還することを約束する契約のこと）が締結され、買主が金融機関から商品の代金分の金銭を借り入れます。買主は、借り入れた金銭を売主に対する支払に充てますが、この際、買主の返済債務について売主と金融機関の間で保証契約（本来の債務者が債権者に対する債務の支払いを怠った場合に債務者の負う債務の履行を保証する契約）が結ばれます。その後、買主が金融機関に対し、月々のローンを返済していくのですが、買主の返済が滞った場合、保証債務を負う売主が返済することになります。また、保証契約の部分について、販売業者が専門の保証業者に保証を委託することもあります。

ローン提携の場合、販売業者に

は、ローン提携販売条件の表示する義務と書面を交付する義務が課されています。ただし、あなたが気づいたとおり、ローン提携販売には割賦販売で規制されていた、期限の利益（契約で定められた期限までは代金や分割払いの金額を支払う必要がないこと）を喪失させる措置についての規制は定められていません。

ケースの場合、実務でよく使われている「提携ローン」という取引にあたります。これは、ローン提携販売とは別物です。提携ローンは購入者が金銭を支払って販売会社以外の第三者に保証を委託するもので、売主である販売会社が保証人となる契約である割賦販売法のローン提携販売とは全く異なるのです。

このように、実務上では使われている用語が正確に法律用語と一致しないことはよくありますので、担当者の話と自分が知っている内容が異なる場合には、相手がどの言葉について話しているのかを確認し、誤解のないようにする必要があります。

◆ ローン提携販売のしくみ

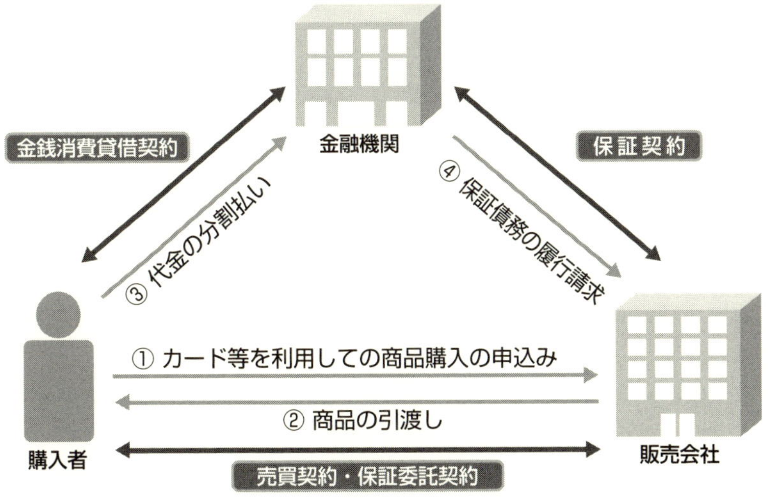

7 クレジットカードで購入した商品をキャンセルするとどうなるのか

抗弁権の接続が認められない場合もある

ケース 先日初めて勤め先でクレジットカードを作りました。せっかく作ったのでカードを使って買い物をしようと思いますが、クレジットカードがどういう性質のものなのか、よくわかりません。それに万が一カードを使って購入した商品をキャンセルしたい場合などにどうなるのかが、不安です。

アドバイス

たとえば、相談者がクレジットカードを利用して商品等を購入した場合、信販会社から立替払いを受けます。そして、信販会社に対して購入代金を2か月以上の分割払いなどで返済することになります。このように、消費者が包括信用購入あっせん業者（信販会社やクレジットカード発行会社）の交付するカードを利用して商品やサービスを購入し、販売業者が包括信用購入あっせん業者から立替払いを受け、購入者が代金を包括信用購入あっせん業者に対して支払う契約形態を、割賦販売法上、包括信用購入あっせんといいます。通常は、カード会社と販売業者の間には加盟店契約（販売業者がカード会社のカードで決済できるようにするために、カード発行会社と結ぶ契約）が結ばれていますが、加盟店契約がなくても、包括信用購入あっせんに該当することになります。

クレジットカードの対象は、購入から支払までが2か月以上のものであれば、1回払い、2回払いも規制対象に含まれます。ただ、翌月一括払いの支払方法は割賦販売法の規制の対象外とされています。

カード会社は、利用者に対してカードを交付する場合や交付済みのカードの利用可能限度額を変更する際には、債務者の支払能力や借入れの状況などについて調査します。この調査に基づいて算出された金額のことを包括可能支払見込額といいます。契約を締結した際には、購入者は販売業者から支払総額・各回の支払金額・支払時期など、必要事項を記載した契約書の交付を受けます。またクレジットカード会社からは、弁済の時期・算定根拠などについて記載された書面の交付を受けます。

購入者が商品の欠陥や販売契約の無効・取消など販売業者に対して支払を拒絶する正当な事由をもつ場合、その抗弁を包括信用購入あっせん業者に対しても主張することができます（抗弁権の接続）。

ただし、代金の支払総額が4万円未満の場合には、抗弁権の接続が認められないため、販売業者に対する抗弁を信販会社に主張することができなくなります。

したがって、相談者がカードを使って購入した商品の代金が4万円未満だった場合には、キャンセルしても、抗弁権の接続が認められないので、注意が必要です。

◆ クレジットカードを利用した商品購入のしくみ

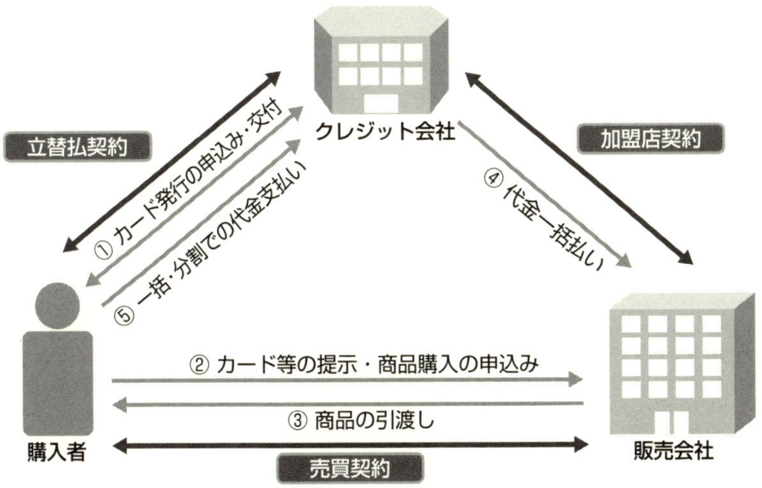

8 カードの入会審査に通らず納得がいかないのだが

指定信用情報機関に登録されている個人情報の開示請求をする

ケース 先日、クレジットカードへの入会を勧誘されたので入会申請をしたところ、資格審査で入会を拒否されました。審査が通らなくなるようなことをした記憶がないので、理由を知りたいのですが、どうすればよいでしょうか。

アドバイス

クレジットカードの会員登録を申し込んだ場合、まず資格審査が行われます。ここで過去の金融機関への支払状況に問題があった場合は入会が拒否されることもあります。資格審査の際、カード会社は、指定信用情報機関（氏名・生年月日・電話番号・勤務先などの個人情報が集約されている機関）から申込者に該当する情報を探し出します。具体的には、過去にクレジットカードや銀行・消費者金融を利用した人の場合、これまでに利用したローンやクレジットの取引内容がクレジット情報として指定信用情報機関に蓄えられています。

したがって、過去にクレジットカードや消費者金融に対する返済の遅延や、金融機関からの取引の停止といった事実がある場合、これらの記録も指定信用情報機関に登録されています。いわゆるブラックリストと呼ばれているものですが、入会申込者の情報がこのブラックリストに載っていると入会を拒否されることがあります。

また、入会の可否だけでなく、カードで購入できる上限額の審査も、指定信用情報機関の情報を基に行われます。

クレジットカード会社には消費者の支払能力を調査する義務が課され、消費者の支払能力を超えるカードの発行は禁止されています。

返済可能見込額（原則として年収と預貯金の合計額からクレジッ

ト債務と生活維持費を除いた金額）の90%にあたる金額を超える限度額を定めるカードの発行が禁止されているのです。生活維持費の金額は、住宅ローンの返済、家賃の支払いの有無や世帯人数を基に法令で定められています。

クレジットカードの入会拒否をめぐってときどき生じるのが、思い当たる事情が何もないのにブラックリストに登録されている、ブラックリストの判断基準がわからない、というトラブルです。この場合、自分の個人情報が誤って扱われている可能性があるので個人情報保護法に基づき情報の訂正を求める必要も出てきます。個人情報保護法とは、個人情報の取扱いについて規制する法律です。ブラックリストを理由にカードの交付が拒否されたということになると、指定信用情報機関に誤った情報が掲載されている可能性もありますから、速やかに開示を請求したほうがよいでしょう。

あなたの場合も、個人情報の取り扱いに誤りがある可能性もありますから、指定信用情報機関に連絡して確かめた方がよいでしょう。

◆ クレジットカードの入会審査のしくみ

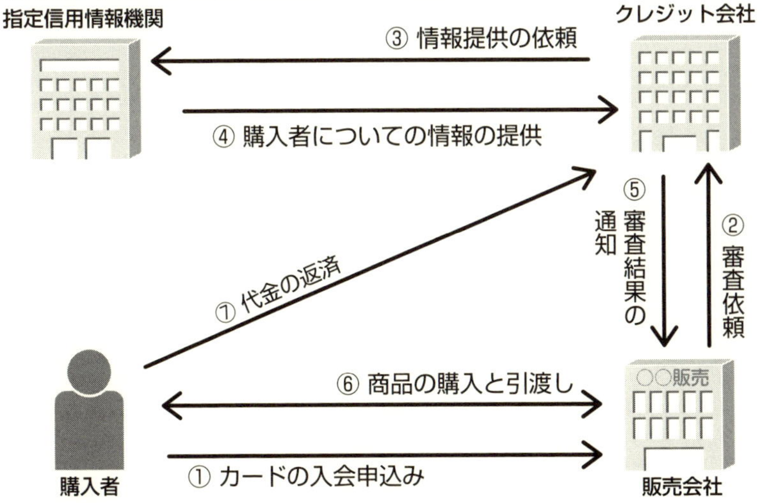

9 カードの盗難保険制度について知りたい

会員規約を守って使用していれば盗難保険制度で補償される

ケース クレジットカードは便利だとは聞きますが、万が一落としたり盗まれてしまったりした場合のことを思うととても不安です。他人にクレジットカードを盗まれて使われてしまった場合には、どうなるのでしょうか。

アドバイス

カードが盗難された場合、すぐに届出を行えば、カードの無効手続によってカードが無効とされる前に盗難者に不正使用されていたとしても、盗難保険により損害がカバーされるしくみとなっています。具体的には、カード盗難保険制度といって、クレジットカードが盗難・紛失などによって不正使用された際に、その損害を補てんする制度があるのです。カード会社が損害保険会社と盗難保険契約を結んでいますから、会員はこの保険に自動的に加盟することになります。

加盟する保険会社によって多少の違いはありますが、基本的には会員のカードが紛失・盗難され、その届出から約60日前までの不正利用による代金が保険会社によって補てんされます。

ただし、カードの盗難保険制度には、免責条項が定められています。

免責条項とは、たとえカードの紛失や盗難があったとしても、保険が下りず、会員がその損害を負担する場合の条件のことです。

具体的には次のような場合には、会員本人がその損害を負担しなければなりません。

①　会員の故意や過失による盗難・紛失

本人の管理がずさんな場合やわざとクレジットカードを盗難・紛失させた場合です。

②　会員の家族・同居人による不

正利用

カードを不正に利用したのが会員の家族や同居人などの場合です。

③　第三者へ譲渡・貸与・担保入れしたカードである場合

たとえば盗難にあったクレジットカードが、友人から借りたものの場合には保険は適用されません。

④　一定期間届出のない場合

届出をしないと保険制度を利用できないことがあります。

⑤　虚偽の届出である場合

本人が第三者と結託して不正利用を装い、紛失・盗難されたと嘘の届出をした場合、もちろん保険の適用はありません。

⑥　著しい社会秩序の混乱があった場合の盗難や紛失

たとえばクーデターや戦争、地震などの著しい社会秩序の混乱の中でクレジットカードが盗まれたり紛失してしまった場合には、保険が適用されません。

以上のように、万が一、クレジットカードを紛失したり盗難にあった場合であっても、免責事項に該当するような事情がない限りは、相談者が抱えている不安は、すぐに届け出をすることで防ぐことができます。

◆ 名義人以外の者によるカード利用と代金の請求

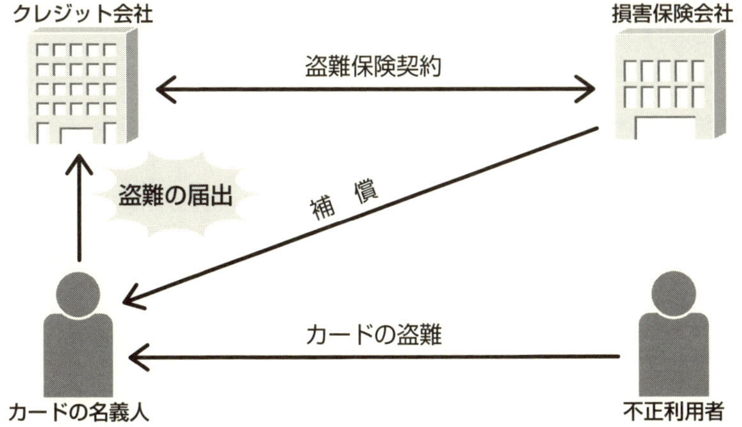

10 クレジットカードを不正に使用された場合はどうしたらよいか

まず警察とカード会社に被害を届けること

ケース 時々クレジットカードを利用しています。ここ数か月はまったく利用していなかったのですが、カード会社から請求書が届いたので驚きました。明細を確認すると、行ったこともない店で利用していたことになっています。カードは盗まれていません。どうしたらよいのでしょうか。

アドバイス

何らかの方法で、あなたのクレジットカードが不正に使用された可能性があります。あなたが所持しているカードそのものを使用したのではなく、カードの情報を使用したのだと思われます。至急警察に被害届を出しましょう。その上で、クレジット会社に対しても、不正使用があったことを届け出ます。通常、クレジットカードには盗難保険がかけられています。警察とカード会社に被害を届け出ると、その日から60日前までさかのぼって、不正利用分の請求を免れることができます。不正使用分については、保険が適用されるのです。ただ、カードの名義人自身がカード利用規約に違反している場合などは、保険が適用されないこともありますので、注意が必要です。利用規約を一度確認してください。

カードの盗難はなかったということですので、その他の不正使用について検討します。

最近多発しているのが、不正に読み取った偽造クレジットカードを利用しての不正使用です。これを「スキミング」といいます。加盟店などに読取装置がとりつけられている場合もあるようです。クレジットカードやキャッシュカードを不正にスキミングすることは、「支払用カード電磁的記録不正作出準備罪」という犯罪になります。

偽造カードを作成することも「支払用カード不正作出罪」となります。

警察に被害届を出しておけば、犯罪捜査の進展に役立つこともあるでしょう。

◆ 利用した覚えのない請求がなされた場合の対処法

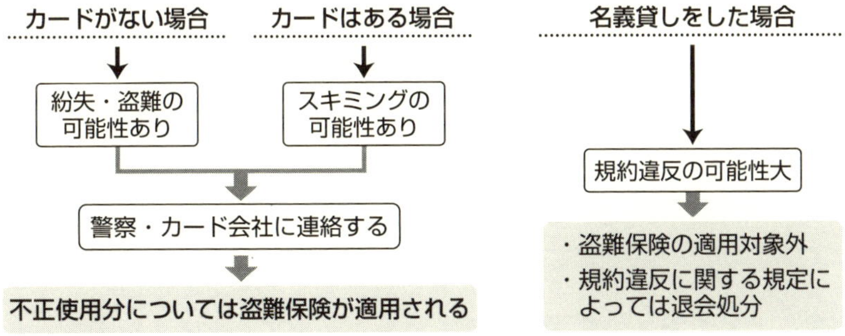

カードがない場合
紛失・盗難の可能性あり
カードはある場合
スキミングの可能性あり
警察・カード会社に連絡する
不正使用分については盗難保険が適用される
名義貸しをした場合
規約違反の可能性大
・盗難保険の適用対象外
・規約違反に関する規定によっては退会処分

まめ知識 **知人のパソコン購入時にカードを貸したが知人が夜逃げしてしまった**

知人のパソコン購入時にクレジットカードを貸した後、知人が夜逃げしてしまった場合、カードの名義人はパソコン代金を支払わなければならないのでしょうか。カードやクレジット契約の名義を他人に貸すことは「名義貸し」に該当します。盗難であれば損害保険の保障を受けられる可能性がありますが、名義貸しの場合、名義人の同意のもとに契約したわけですから、保障されません。思い違い（錯誤）による行為でもありませんから契約を取り消すことはできません。また、クレジット会社は通常、約款で名義貸しを禁じていますし、名義貸しによる契約であることを知らなかったわけですから、善意の第三者として扱われ、その利益は民法等により優先的に保護されます。つまり、名義人はパソコン代金を支払う義務を負うことになります。

11 カードを使いすぎて支払不能になってしまった

債務額や収入、資産状況を考慮して借金整理の手段を考えるとよい

ケース 20代の会社員です。バイクが趣味で、ツーリングにもよく行きます。ホテルをよく利用しますが、旅行先でも便利なので、いくつかのカードを使って支払を済ませていました。しかし、いつの間にかそれぞれのカード会社からの請求額がかなりの額になっていました。現在では、私の収入では払いきれないほどの負債額となっています。どうすればよいのでしょうか。

アドバイス

若い人を中心にクレジットカードを利用しすぎて返済できないほどの債務を抱えているケースが増えています。いわゆる多重債務者が陥る状況になると、ますますどうにもならなくなってしまう恐れがあります。ただ、自己破産するには、収入に比べて債務がかなりの多額であることが必要です。

そのため、その程度に至らない債務額のケースでは、次のような方法が考えられます。

① 任意整理

支払不能になる前に、債務者が各債権者と話し合って、負担を軽くして返済していく方法です。具体的には、分割払いの回数を増やしてもらう、期限を猶予してもらう、債務の一部を免除してもらう、といったことです。債務者自らまたは弁護士を立てて、債権者と交渉することになります。あくまでも当事者の任意の合意が必要なので、効果のほどは債権者や債務の状態によります。

② 特定調停

支払不能になる前に、裁判所に調停を申し立てて話し合いにより債権債務の調整を行う手続です。間に入って調停をするのは、裁判官と専門的な知識をもつ調停委員です。すべての債権者ではなく、特定の消費者金融だけを相手とす

ることも可能です。

③　**給与所得者等再生**

裁判所に申し立てて、債務負担を軽くしてもらう方法です。裁判所が介入するので、任意整理よりも交渉の負担が軽くなります。原則として債務を無理のないように返済していきます。

④　**自己破産**

なお、債務が多額である場合には、裁判所に破産手続開始決定を申し立てる方法も考えられます。この場合、裁判所の管理の下で、債務が整理されます。債務者が支払不能と判断されれば、破産手続開始の決定がなされ、免責の決定を受ければ、債務から解放されます。免責を受けられない場合は、依然として債務は残ります。このような場合は、自己破産で免責を受けられないケースでも利用できる給与所得者等再生を検討してもよいでしょう。

いずれにしても、債務額や収入、現在の資産状況などを考慮して、検討してください。

まめ知識　**弁護士に依頼すれば、介入通知を出してくれる**

破産などの債務整理を弁護士に依頼した場合には、債務整理を進めていることの通知を弁護士が出してくれます。通常、弁護士に自己破産の申立を委任すると、弁護士は、貸金業者宛に「債務者○○の債務の整理について受任したので、以後連絡は弁護士宛にするように」という内容の書面を発送してくれます。これを「弁護士介入通知」などと呼んでいます。

書面が貸金業者に到達すると、貸金業者は直接の取立行為ができなくなり、破産申立前でも電話・電報・訪問・郵便による取立行為は止まります。なお、債務整理を弁護士に依頼した場合には、勝手に一部の債権者と交渉するということは、絶対にしないようにしましょう。

12 クレジット契約で商品を購入する際どんなことに気をつければよいのか

販売業者側に課されている義務が守られているかを確認する

ケース 先日、家電量販店でマッサージチェアを見ていたところ、販売員にショッピングクレジットでの購入を勧められました。現金やクレジットカードがなくても、高価なものを手軽に購入できて便利だという説明を受けたのですが、利用にあたって注意しなければならないことなどはないのでしょうか。

アドバイス

ショッピングクレジットとは、個別信用購入あっせん（個別クレジット契約）のことで、クレジット契約と呼ばれることもあります（13ページ）。

商品の代金はクレジット会社から販売業者に立て替えられ、購入者が２か月以上の分割払いや１回払いなどの方法でクレジット会社に対して返済します。

通常、代金の支払が完済するまでは、目的物や権利の所有権を個別信用購入あっせん業者が留保する形になります。購入から支払までが２か月以上のものであれば、１回払い、２回払いも規制対象に含まれます。

ショッピングクレジットは、クレジットカードがなくても商品を購入できる点では便利です。

ただ、クレジットカードを利用する場合には、購入者自身がどの会社のカードを使うのかを選択できます。しかし、ショッピングクレジットの場合には、クレジット会社は販売業者の都合で決まります。したがって、購入者自身でクレジット会社を選択することはできません。こういった点で、クレジットカードを使う場合とは使い勝手が異なるといえます。

ショッピングクレジットで商品の売買契約をした場合、販売会社と個別信用購入あっせん業者は購入者に対して現金販売価格・支払総額・支払時期などの取引条件を明示しなければならないことになっています。契約内容についてはクレジットカードで購入する場合と同様の規制が置かれています。具体的には、瑕疵担保責任（目的物に契約時点では発見できない欠陥があった場合に売主が買主に対して負う責任のこと）を不当に免責する契約をあらかじめ結ぶことは禁じられています。購入者側から契約を解除した際の損害賠償金も、一定の額を超えないように制限されています。

さらに、販売業者が購入者の債務不履行を理由に、期限の利益を喪失させて一括支払を要求する場合、個別信用購入あっせん業者は20日以上の期間を定めて催告しなければならない、とされています。

なお、購入者が販売業者に対して契約の取消や商品の欠陥など、正当な抗弁を持つ場合は、その抗弁を個別信用購入あっせん業者に対しても主張できます。

このように、消費者を保護する規制が多いので、ショッピングクレジットを勧められたらこうした規制に従っているかどうかを確認するとよいでしょう。

◆ 個別信用購入あっせん契約のしくみ

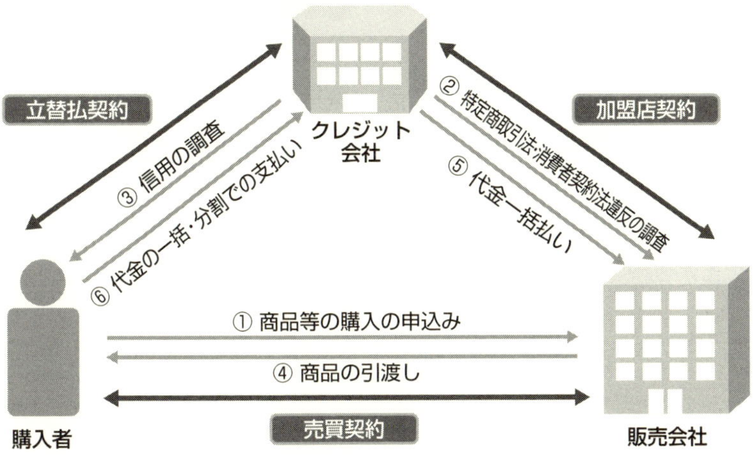

13 注文した物と違う品なのでクレジット支払を止めたいのだが

クレジット会社に対しても支払を拒むことができる

ケース 先日、妻の誕生日に指輪をプレゼントするため宝石店に行きました。結構高いので購入をためらっていると、店の指定クレジットで購入すれば金利が安くて済むと説明され、3万5000円の商品を7回払いで購入することにしました。

ところが、家に帰って妻に指輪を渡すと、サイズが合いません。店員が7号を9号と聞き間違えたようです。苦情を言うと、「指輪はデザイナーの一点物で、サイズ直しには2か月近くかかる」といいます。そうなると、商品が手元に届く前に最初の支払日がやって来ますが、支払わなければならないのでしょうか。

アドバイス

事例で行われた取引は個別信用購入あっせんという取引です。一般的にはクレジット契約、ショッピングクレジットと呼ばれています。購入者、販売会社、クレジット会社などの三者が登場する契約です。商品などの代金はクレジット会社から販売業者に立て替えられ、購入者が2か月以上の分割払いや1回払いなどの方法でクレジット会社に対して返済します。通常、代金の支払が完済するまでは、目的物や権利の所有権を個別信用購入あっせん業者が留保する形になります。

● 抗弁権の接続という考え方

クレジットで代金の支払いをする場合、販売店とクレジット会社の両方と契約を結ぶことになります。それぞれ別の契約ですから、本来なら販売店の責任で指輪の引渡しが遅れても、クレジット会社に落度はないので支払いをしなければなりません。

しかし、このような取引は商品の購入とクレジットの契約が連動して行われており、商品の不良があったのに代金を支払わなければならないとなると購入者に大きな負担がかかります。消費者をこのような状況から救済するために設けられているのが、抗弁権の接続という考え方です。

抗弁権の接続とは、購入者が商品の欠陥や期日の遅延（遅れ）を販売業者に主張（抗弁）できる場合には、その抗弁をクレジット会社などの第三者にも主張して、クレジット会社からの弁済の請求を拒むことができるという考え方のことです。この抗弁権の行使について、購入者に不利な特約を結んだとしても、そのような特約は無効となります。

ただし、商品等の支払総額が4万円未満の場合には、抗弁権の接続が認められないため、販売業者に対する抗弁をクレジット会社に主張することができなくなります。

事例の場合、商品の代金は3万5000円ですから、抗弁権の接続は適用されません。したがって支払日にはクレジット会社に対して支払いをしなければなりません。どうしても支払いを避けたい場合には履行が遅れたことを理由に解除するという方法がありますが、ひとまずは宝石店の対応を見守るのが得策でしょう。

◆ ショッピングクレジットで誤った商品を引き渡された場合

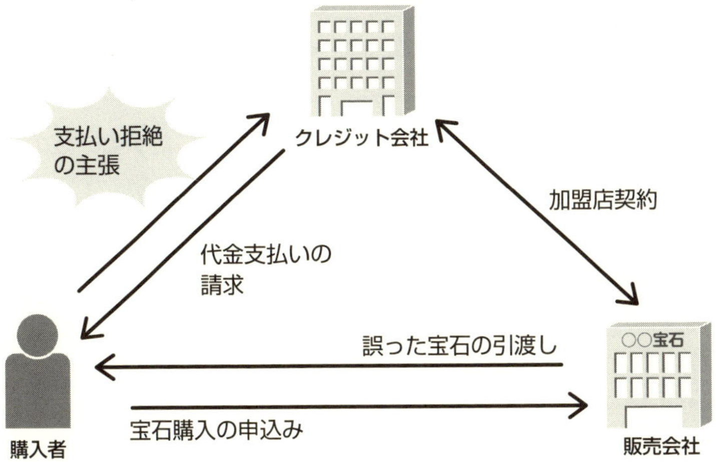

14 商品を返還してもクレジット代金を全額払う必要があるのか

違約金にも上限があるので不当な請求は拒絶できる

ケース 社会人になった記念に、ホームシアターセットを月１万円の20回払い、ボーナス時10万円加算のローン契約を結んで購入しました。５回の月払いを終えましたが、不況のためにボーナスがカットされることになり、ボーナス払いの10万円が払えませんでした。

すると、電気店が契約書に基づいてホームシアターセットを差し押さえた上、「違約金として残りの代金を全額一括で支払ってもらう」と通告してきました。こんな要求に応じなければならないのでしょうか。

アドバイス

クレジット契約やクレジットカードを利用した取引では分割払いで代金を支払うケースも多いでしょう。決められた支払時期に返済することは購入者の義務であり、支払の遅れは契約に反する行為です。一方、購入者の側からみると、購入者はそれぞれの代金の支払時期までは支払をする必要がありません。この債務者に認められている利益のことを期限の利益といいます。

ただ、多くのケースでは購入者が決められた時期までに債務を支払わなかった場合には、クレジット会社が残代金を一括して請求できることが契約で定められています。事例で残代金を一括請求されたのはこのためです。

● 契約解除に対する一定の制限

特別な事情があったとはいえ、ローン返済を滞らせたあなたには、債務不履行があったことになります。この場合、販売店やクレジット会社は契約を解除し、損害賠償を請求することができます。

しかし、何の制約もなく損害賠

償を認めると法律に詳しくない一般消費者が多大な被害を受けるので、割賦販売法では契約の解除と損害賠償について一定の制限を設けています。これによると、支払が遅れた場合の契約解除は、20日以上の期間を定めて支払いを求めて、それでも履行されなかったときに初めて可能となります。

また、損害賠償の額としては、以下の額に契約解除の日からかかる遅延損害金（法定利率により計算）をそれぞれ加算した金額以上の支払いを求めることはできません。

① 商品などが返還された場合は通常の使用料の額
② 商品などが返還されない場合は販売価格に相当する額
③ 商品などの引渡し前の場合は通常契約に要する費用の額

すでに支払った割賦金がある場合にはその額も控除されます。この規定は契約書に損害賠償に関する特約があっても適用されます。

本ケースの場合も前述の①の通り、商品を返還すれば、損害賠償額は使用料限度に制限されます。したがって、あなたが残代金の一括返済の要求に応じる必要はありません。

◆ 代金支払を怠った購入者の対抗手段

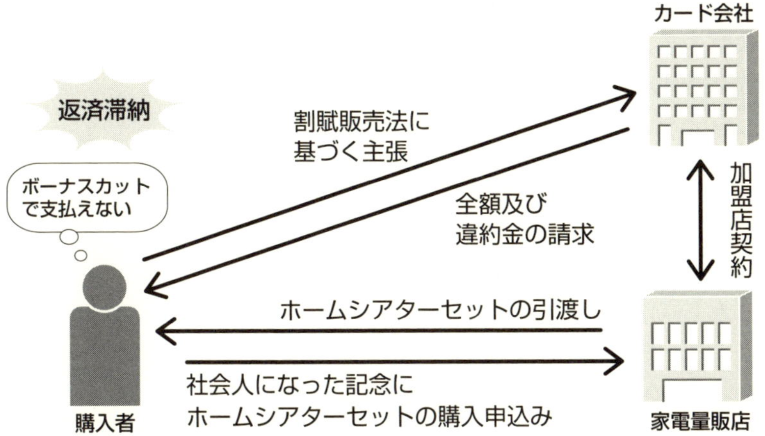

15 ショッピングクレジットで購入した商品を解約したい

解約料についての条項の無効を訴えられないかを検討してみる

ケース 3日前、自宅を訪れた販売会社のセールスマンから、10万円のマイナスイオン発生器を購入しました。手元に現金もクレジットカードもなかったのですが、販売会社の方に「クレジット会社と提携しておりますので分割払いも可能ですよ」と勧められたので、3回払いの契約で購入しました。

しかし、今考えてみると特にマイナスイオンを発生させなくても生活に支障はないため、マイナスイオン発生器に10万円を使うよりも、子どもの教育費の足しにしたいと考えるようになりました。販売会社にクーリング・オフをすれば、クレジット会社からの請求も拒否できるのでしょうか。

アドバイス

あなたが結んだ契約はクレジット契約とよばれるもので、商品などを購入する際、購入者が販売業者と提携している個別信用購入あっせん業者（クレジット会社）と立替払契約を結ぶものです。法律上は個別信用購入あっせん契約といいます。商品などの代金はクレジット会社から販売業者に立て替えられ、購入者が2か月以上の分割払いや1回払いなどの方法でクレジット会社に返済します。

● クレジット契約の解約方法

かつてはクレジット契約で購入した商品に欠陥など問題があった場合でも、クレジット契約自体のクーリング・オフは認められていませんでした。そのため、販売会社に対して商品の売買契約についてのクーリング・オフを行いその事実をクレジット会社に対しても主張しなければなりませんでしたが、改正後の割賦販売法が施行された平成21年12月以降はクレジット契約そのものをクーリング・オフすることができるようになりました。

ただし、どのようなクレジット契約であってもクーリング・オフが認められるのではなく、特定商取引法の訪問販売、電話勧誘販売、連鎖販売取引、特定継続的役務提供取引、業務提供誘引販売取引の５つの取引についてクレジット契約を結んだ場合にクレジット契約そのもののクーリング・オフが可能になります。訪問販売の場合、クーリング・オフできる期間は契約締結日から８日以内です。

あなたの場合も、訪問販売でマイナスイオン発生器を購入し、契約日は「３日前」とのことですから、クレジット契約をクーリング・オフすることが可能です。

クレジット会社に通知を発送すれば販売会社との関係も解消されますが、用心して販売会社にも通知を発送するのがよいでしょう。

クーリング・オフの通知は内容証明郵便で行うと確実ですが、ハガキでもできます。相手企業がある程度名のある会社であれば、クーリング・オフの通知を無視することも少ないと思われますのでハガキでもよいでしょう。

◆ クレジット契約を取り消す場合の通知書（ハガキ）

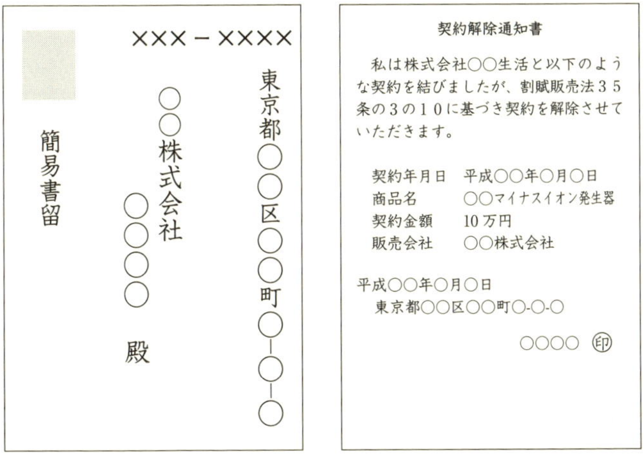

×××－××××
東京都○○区○○町○-○-○
○○株式会社
○○○○　殿
簡易書留

（表）

契約解除通知書

私は株式会社○○生活と以下のような契約を結びましたが、割賦販売法３５条の３の１０に基づき契約を解除させていただきます。

契約年月日　平成○○年○月○日
商品名　○○マイナスイオン発生器
契約金額　10万円
販売会社　○○株式会社

平成○○年○月○日
東京都○○区○○町○-○-○
○○○○　㊞

（裏）

16 契約を取り消したら支払ったお金を返してもらえるか

支払ったお金は返してもらえる

ケース 数日前、原稿作成・文章訂正のアルバイトをしようと思い、広告を出していた業者に問い合わせたところ、「専門のソフトが必要なのでパソコンを購入して欲しい」と言われました。そのような余裕はないので断ろうと思ったのですが、支払った代金は仕事を３か月も仕事をすれば報酬で取り戻すことが可能で、それから先はすべて私の収入になるとの説明を受けたので、引き受けることにしました。その際パソコンと専用のソフトを分割払いで購入し、一部はすでに支払いました。

ところが、いざ仕事をはじめてみると、仕事は週に１回あるかないかで、仕事内容も当初説明を受けた文章の作成ではなく、イラストの修正でした。

話が違うので契約を取り消そうと考えているのですが、すでに支払った代金は返還されるのでしょうか。

アドバイス

あなたの場合、内職のために必要な製品を購入したわけですから、法律上は業務提供誘引販売契約に該当します。

業務提供誘引販売契約とは、仕事の提供を口実に、仕事に必要な商品であるとして、商品を販売する契約のことをいいます。

業務提供誘引販売契約の個別クレジット契約で、勧誘の際に重要な事実を伝えていなかった場合や、商品について真実と異なる説明をしていた場合には、クレジット契約を取り消すことができます（割賦販売法35条の３の13）。

個別クレジット契約とは、商品などを購入する際、購入者が販売業者と提携している個別信用購入あっせん業者（クレジット会社）

と立替払契約を結ぶものです（13ページ）。

● 契約の取消しと返金

個別クレジット契約の取消しで大きな問題となるのが、商品などの購入者がすでに代金の一部を割賦金として支払っている場合です。購入者としては当然に代金の返還を請求したいところですが、クレジット会社はすでに代金を立替払いで販売会社に対して支払っているということもあり、従来は購入者が支払った代金の返還をめぐってトラブルになることも多々ありました。

ただ、制度の見直しにより、クレジット会社はすでに受け取った代金を速やかに返還しなければならないということが定められました。そのため、現在では、購入者は内容証明郵便などによるクーリング・オフの通知をした後、クレジット会社に対して代金の返還を請求できます。

あなたの場合も契約を取り消して、すでに支払ったパソコンの代金の返還を請求することが可能です。

書式　代金の返還を求める通知書（内容証明郵便）

通知書

私は平成○○年○月○日株式会社○○○○から、パソコンを購入し、貴社との間で、3回払いで代金をお支払するクレジット契約を結んだのですが、株式会社○○○○の説明に事実と異なる点があり、契約を取り消すことに致しました。

つきましては割賦販売法35条の3の13に基づき、すでにお支払致しました3万5千円の返還を要求致しますのでご承知おき下さい。

平成○○年○月○日

東京都○○区○○1丁目1番1号
○○○○　印

東京都○○区○○2丁目2番2号
株式会社○○
代表取締役　○○○○　殿

17 親の同意がないとクレジット契約を結べないのか

原則として、未成年者の法律行為は取り消すことができる

ケース 先日、友人の息子Aが、家電量販店の販売員Bに勧められて、ノートパソコンをクレジット契約で購入しました。クレジット契約はAと信販会社Cとの間で締結されたのですが、契約書が送られてきたのを見た友人は驚き、契約を取り消させたようです。Aはクレジット契約まで結んでしまっていますが、このように取り消すことは可能なのでしょうか。

アドバイス

未成年者がクレジット契約によって分割払いで商品を購入した場合、支払責任を負うのでしょうか。

相談のように、未成年者のAが、家電量販店で、Bという販売員に勧められてパソコンを購入しようとした際に、分割払いを希望したところ、Cという信販会社とのクレジット契約書を渡されたので、Aはそれに記入した、という場合です。

20歳未満の未成年者の法律行為には、法定代理人（親権者もしくは未成年後見人）の同意が必要です。同意を得ることなく行った法律行為は、取り消すことができる、とされています。

未成年者は独立して法律行為を行うには判断力などが不十分であるため、制限行為能力者として位置づけられており、法律で保護がなされているのです。

ただし、①単純な贈与を受ける、債務を免除される、などの行為、②法定代理人が処分を許した財産を自由に処分する行為、③一定の内容の営業を法定代理人が許可した場合に、その営業に関する法律行為については、未成年者であっても単独に行うことができます。

そして、単独でできる法律行為については、未成年者であるとい

う理由での取消は認められません。

このように、未成年者の法律行為は原則として取り消すことができますが、未成年者が、自分を成年であると信じさせるために相手をだました場合には、後になって自分が未成年者であることを理由としてその法律行為を取り消すことはできません。

したがって、たとえば相談のAが、自分のことを20歳であるかのように偽った場合には、Aは後で自分が未成年者であることを理由に契約を取り消すことはできなくなります。

そのような事情がなければ、Aは、家電量販店との売買契約を、未成年者が法定代理人の同意を得ずに行った法律行為であるとして、取り消すことが可能です。

なお、売買契約だけを取り消しても、信販会社Cとの代金支払契約は残ってしまうことになりますが、この場合には、契約の取消を、信販会社Cに対しても主張することができます。

つまり、Aは信販会社Cからの支払請求を拒否することができるのです。なお、仮に代金の一部をすでに支払っていた場合であっても、信販会社Cに対して、支払い済みの代金について、返還請求を行うこともできます。

◆ 未成年者の契約に対する規制

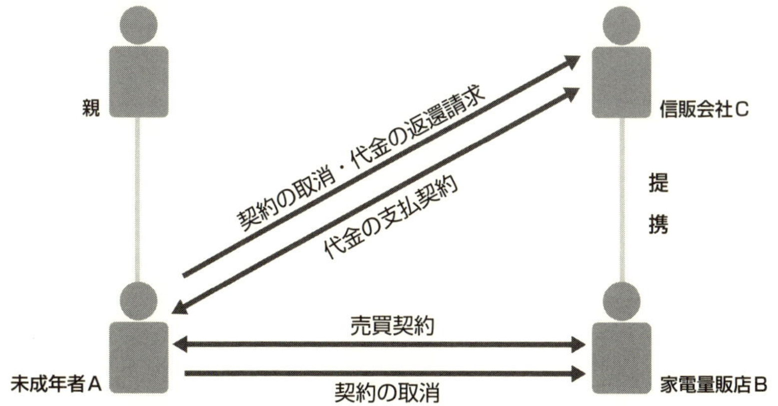

18 デパートの友の会を退会しようとしたら、解約料を請求された

解約料についての条項の無効を訴えられないかを検討してみる

ケース 私は昔から会員になっていたあるデパートの「友の会」を退会しようと申し出たところ、規約に書いてあるから、と解約料を請求されました。払わなければならないのでしょうか。

アドバイス

友の会のような組織の取引を前払式特定取引と言います。買主が先に代金を支払い、目的物の引渡しは原則としてその支払いが終わった後になるため、割賦販売法による規制を受けます。

割賦販売法における前払式特定取引とは、①商品売買の取次ぎ（連絡や仲介のこと）や特定役務の提供についての取次ぎを行う取引であること、②目的物の引渡しに先だって対価の支払いを受けること、③対価は2か月以上の期間にわたり、かつ3回以上に分割して受領すること、の条件をすべて満たしたもの、を意味します。

前払式特定取引で起こるトラブルの多くは、相談のような解約に関するものです。

たとえばある冠婚葬祭互助会をやめようとすると、互助会側から解約を断られたり、高額の解約金を請求されたりします。こうした組織の契約書には「よほどの事情がない限り解約はできない」「解約時には解約料を請求する」といった特約が記載されていて、相手はそれを根拠に解約拒否や解約料請求の主張をするのです。

前払い式特定取引の場合、契約内容や取引条件の明示を要求する規定が割賦販売法に置かれていませんが、消費者契約法の規定や標準約款によって、規定の無効を主張できる可能性もあります。

あなたの場合も、あきらめる前に、契約書の内容を十分に確認し、法の適用が受けられるか検討してみたほうがよいでしょう。

PART 4

違法な取立て・過払い請求のトラブル

1 消費者金融への返済が遅れたところ暴力的な取立てをしてきた

早急に専門家に相談することが大切である

ケース 消費者金融会社から借金しています。会社が倒産したため、失業保険の中から返済していたのですが、就職できないまま保険支給期間が終了しました。今月の返済をできずにいると、翌日から自宅に大勢の男がやってきて、大きな声で脅かしたり、ドアや壁を強く蹴り上げたりするようになりました。近所の目もあり、困惑しています。どう対応すればよいでしょうか。

アドバイス

相手が消費者金融となると、言われるがままに支払ってしまいそうにもなりますが、まずは冷静になることが必要です。消費者金融は貸金業者ですから、貸金業法の規制を受けます。

貸金業を営む者は、債権の取立てにあたり、人を威迫（言葉や動作で相手に不安を与えること）し、または規制されている言動（次ページ）その他の人の私生活もしくは業務の平穏を害するような言動をしてはいけません（貸金業法21条１項）。この目的は、債務者の私生活まで破壊してしまうような悪質な取立てを規制することにあります。

また、これらの行為は、悪質な取立てを取り締まるものであるため、貸金業者だけでなく、無登録業者、貸金業を営む者などから取立ての委託を受けた者も規制の対象になります。

● 禁止される具体的な行為

貸金業の業務運営に関する自主規制基本規則では、以下の行為について、威迫およびその他の人の私生活もしくは業務の平穏を害するような言動に該当する恐れがあるものとしています。

①　大声や乱暴な言葉

大声をあげたり、乱暴な言葉を使うなど暴力的な態度をとること

② 訪問の人数

多人数で訪問すること（3名以上）

③ 取立ての時期

親族の冠婚葬祭時や年末年始など不適当な時期に取立行為を行うこと

④ 電話による取立て

電話を1日に4回以上かけるなど反復継続した取立行為を行うこと

⑤ 債務者以外の者への請求

親族または第三者に対し、支払いの要求をすること

● 具体的な対応

このケースの場合、日本貸金業協会や弁護士に対して苦情を伝えることになるでしょう。事実が明確になれば金融庁による業務停止などの処分が下されることもあります。また、貸金業法違反あるいは脅迫罪などで刑事告訴することも検討しましょう。

◆ 貸金業法21条により規制されている言動

- 正当な理由なく、午後9時から午前8時までの間に債務者などに電話やファックスをし、または債務者の居宅を訪問すること（1号）
- 債務者などが、弁済や連絡をする時期を申し出たにもかかわらず、正当な理由なく、午後9時から午前8時以外の時間に、債務者などに電話やファックスをし、または債務者の居宅を訪問すること（2号）
- 正当な理由がないにもかかわらず、債務者などの勤務先や居宅以外の場所に、電話、電報、ファックスをし、または、債務者の勤務先や居宅以外の場所を訪問すること（3号）
- 債務者などの居宅や勤務先などを訪問し、債務者から退去してくれといわれたにもかかわらず、退去しないこと（4号）
- はり紙、立ち看板などどのような方法を用いるかに関係なく、債務者が借入をしていることや債務者の私生活を周囲に広めること（5号）
- 債務者などに、債務者以外の者から金銭の借入などをし、弁済資金を調達することを要求すること（6号）
- 債務者以外の者に、債務者などに代わって弁済することを要求すること（7号）
- 債務者以外の者が、債務者の居所や連絡先を知らせるなどの取立て行為への協力を拒否しているにもかかわらず、さらに取立てに協力することを要求すること（8号）
- 債務者などが、貸付けの契約による債務の処理を、弁護士などに委託したときや、裁判所による手続をとった場合で、弁護士などや裁判所から、通知があったにもかかわらず、正当な理由なく、債務者などに電話や電報、ファックス、訪問などをし債務を弁済することを要求し、弁済を要求された債務者が、直接要求しないように求めたにもかかわらず、さらに要求したとき（9号）
- 債務者などに、上記の行為をすると告げること（たとえば、勤務先に取立てに行く、あるいは周囲にばらすなどと債務者に告げること）（10号）

2 カードで買った商品を貸金業者が約束の値段で買ってくれなかった

買った商品の支払義務を免れることはできない

ケース 新聞広告を見て貸金業者にお金を借りにいきました。しかし、業者では、私が所有するカードでブランド品を購入し、それを購入額の95%で業者が買い取るという話をされました。言われたとおりにカバンを購入しました。業者にそれを持っていくと、購入額の半値でしか買ってもらえませんでした。話が違うので抗議すると、買取りをやめると言い出したので、しぶしぶその額で買い取ってもらいました。こんなことなら、カード会社のキャッシングを利用したほうがよかったと後悔しています。今からでも業者に差額を支払ってもらうことは可能でしょうか。

アドバイス

その業者は、いわゆる「買取屋」です。クレジットで商品券やブランド品、新幹線のチケットやパソコンなどを購入させて、それを二束三文で買い取り、転売する業者です。

つまり、買取屋は、返済に困っている消費者が持っているクレジットカードのショッピング枠を利用してこれを現金化しているにすぎません。

世の中にはクレジットカードのショッピング枠が現金化できることを知っている消費者もいます。こうした人を相手とする業者の場合には、たいした価値のない商品を高額で買い取ることを標榜している場合もあります。

買取屋を利用すると、一時的にはお金が手元に入ります。しかし、結局は後からその買取屋から得た以上の金額の請求をカード会社から受けることになり、負債は膨らむことになります。また、本人に支払能力がないのにもかかわらず、クレジット契約で商品を購入することは、「取り込み詐欺」といって、刑法上の詐欺罪にあたります。相談者の行為自体も違法です。カード会社からは当然、商品代金の請求がきます。この請求に応じなかった場合、カード会社に対して詐欺を行ったとして賠償責任を負います。

また、後日自己破産を申し立てても、取り込み詐欺を理由に、債務を免責してもらえない可能性があります。カード会社への支払義務は果たすべきです。買取り差額は、業者に請求しても支払いにはまず応じません。法的な手段を使って差額を業者に請求することもできません。

クレジット会社に差額を支払った後は、弁護士や警察などの相談機関に被害を相談することをお勧めします。

◆ 悪質な業者と手口

● **整 理 屋**
「借金の整理をしてやる」と近寄ってくる

● **紹 介 屋**
新たな業者を紹介するふりをして高額の紹介料をだましとる

● **買 取 屋**
電話をかけてきた客にデパートなどで指定した商品を購入させ、その商品を半額程度で買い取る。残りは業者の手数料となる。

＊これらの業者と組んで法外な手数料をとる提携弁護士と呼ばれる弁護士もいるので要注意！

◆ 買取屋が儲けるしくみ

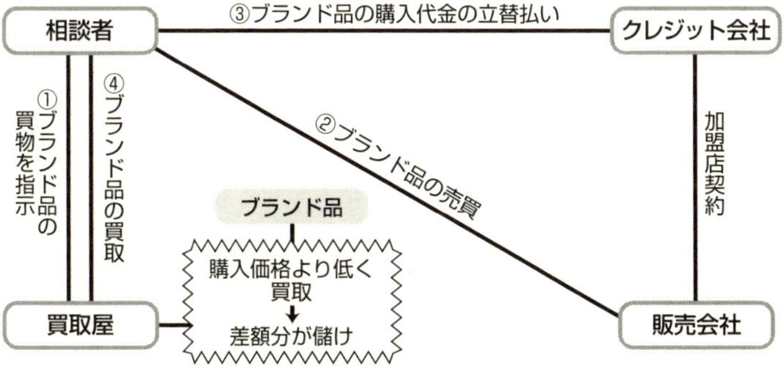

3 多重債務解消のために紹介屋を利用したら債務が増えてしまった

金銭貸借の媒介は出資法違反にあたる。まず警察に相談してみる

ケース 貸金業者数社から計300万円の借金がありました。月々の返済に困り、「コンピュータ審査なし即刻融資」という広告を出している貸金業者を利用しました。その業者では直接融資を受けるのではなく、他の貸金業者に50万円貸してくれるように口をきく代わりに、手数料を払うというものでした。手数料は融資額の4割でしたが、とにかく支払いに困っているので、利用しました。紹介してくれた貸金業者ではたしかに50万円を貸してくれました。しかし、手数料を支払ってから、よく考えると債務が増えていることに気づきました。何とかならないものでしょうか。

アドバイス

借金の返済に困ると、ついこういった業者を利用してしまいがちです。こういった業者は「紹介屋」と呼ばれています。紹介屋の手口は「うちではそれだけの金額を融資できないので貸してくれる業者を紹介する」と言って、さらに多額の借金をさせるのです。

また、同様に、多重債務者に債務整理を勧めて、弁護士を紹介する「整理屋」も要注意です。整理屋提携の悪質弁護士を紹介して、手数料をとる場合もあります。悪質業者はしっかりと見分けることが大切です。

借主の親兄弟の不動産などを、内緒で担保に入れることを勧めたり、名前を偽らせたりするような場合は要注意です。

また、他の金融業者を紹介しておきながら、自分が紹介したことを相手の業者に絶対言わないように念を押したりする業者は危険です。注意してください。

金銭貸借の媒介（紹介）については出資法に規定があります。媒介業を行うには登録が必要です。

手数料の上限は、貸金額の100分の５までとされています。違反した場合には刑事罰に問われます。

紹介屋などに支払う手数料は不法行為に基づく支払いですので、返還請求も可能です。しかし、相手の不法行為を証明する義務はこちら側にあるため、実際には困難です。出資法違反で、警察に相談してみることをお勧めします。

また、債務整理については弁護士会で弁護士を紹介してもらうとよいでしょう。弁護士会で紹介してくれる弁護士は信頼できます。

まめ知識　複数の業者から金を借りている場合の対処法

消費者金融は街中にあり、比較的簡単にお金が借りられるのが魅力です。

ただ、簡単に借りられる反面、油断すると大変な状況に陥ってしまう危険があります。

よくあるケースとしては、返済のためにまた別の消費者金融から借金をして雪だるま式に債務を重ねてしまうケースです。人の弱みにつけこんで融資話を持ちかけてくる「整理屋」のような業者にも気をつけなければなりません。消費者金融の債務者が一番気をつけなければいけないのは、このような悪質業者です。また、これ以上借金を重ねないようにすることが重要です。

もし、もうすでに返済が不可能になっているのであれば、裁判所に自己破産の申立てをして免責決定（債務を全額免除してもらうこと）を受けるという方法もあります。

ただ、自己破産するには一定の要件が必要ですから必ずしも自己破産できるとは限りません。素人判断は危険です。弁護士会や司法書士会には借金苦に陥っている人のための債務整理の相談センターを設けているところがあります。最寄りの弁護士会や司法書士会に問い合わせてみてください。

4 ヤミ金融業者から借金をしてしまったがどうすればよいか

弁護士と相談して債務整理をすべき

ケース 私は小さな会社で会社員をしていますが、折からの不況のため賃金が大幅にカットされました。初めのうちは少しの生活費を補うために、一般の消費者金融などに手を出していましたが、高い利息のためどんどん債務額が増加していきました。そのうち、どこで知ったのか多くの金融業者から、電話による勧誘やダイレクトメールが届くようになりました。そのなかの数社から、さらに借入れをしましたがとんでもない高利です。返済が遅れると会社や家まで、黒スーツの連中がやって来て恐喝まがいの取立てをします。どのように対処すればよいのでしょうか。

アドバイス

あなたが手を出してしまった連中は、いわゆる「ヤミ金融業者」だと思われます。

彼らは貸金業の許可を得ないか、得ていてもすぐに移転してしまい、実体がつかめません。背後には暴力団がいて、横の連絡網によって多重債務者を勧誘し、さらに暴利を貪ります。これを「システム金融」などと呼ぶことがあります。

ここから借金をするようになったら、それこそ「蟻地獄」にはまったようなものです。すぐに対策を講じなければなりません。

まず、ヤミ金の利息はほとんどが「出資法」の規定する年29.2%を超える違法なものです。これは刑事罰の対象となります。

また、ヤミ金業者などは登録をしていない業者であることがほとんどです。無登録営業も刑事罰の対象です。

ヤミ金業者は、存在自体が違法であることが弱点です。発覚すると刑事罰が科されるので、行政や警察には弱いのです。消費生活センターや、自治体の貸金業の担当部署に相談してみるとよいでしょう。公的機関名で違法な取立てを停止するように指導してもらうと、催促が停止したり弱まったりします。刑事事件として警察にも相談しましょう。

また、貸金業法により年率109.5%を超える貸付契約は無効です。利息そのものの支払義務もありません。

次に、民事的にも、ヤミ金による貸付は公序良俗に違反しているので無効です。返済する義務はありません。

弁護士と相談して、債務整理をしてください。彼らは弁護士を立てられることを、最も恐れています。恐喝まがいの取立てもすぐにストップするでしょう。

◆ ヤミ金業者のバックとネットワーク

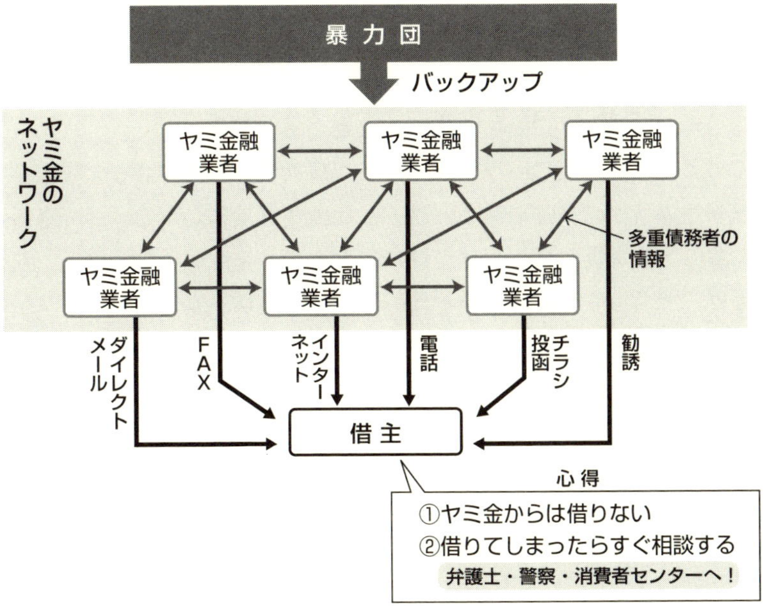

5 金融業者が勝手に口座に金を振り込み返済を要求してきた

返済義務はないが不安なら専門家に相談する

ケース　ある日金融会社を名乗る男性から電話があり「半年前に貸した金と利子計200万円を払え。金は○○銀行口座に振り込んである」と言われました。

○○銀行の私名義の口座は、普段まったく使っていない口座です。口座を確認したところ、たしかに50万円の振り込みが金融会社名義でした。「借りたくないので返す」と業者に言っても「振り込んだ以上借りたことになる」といって50万円の返還に応じてくれません。50万円は借りたことになってしまい、利子も払う必要があるのでしょうか。

アドバイス

このように、口座に勝手に現金を振り込み、後に多額の利子の返還を迫る方法を押し貸し（押し付け融資）と言います。押し貸しは、主にヤミ金と呼ばれる法外な利子をとる金融業者が客を求めて行うケースがほとんどです。金を振り込む相手は、まず口座番号を知っているヤミ金業者の利用者です。１社からでも借りてしまうと、そのヤミ金融グループ全体に、その人の銀行口座が知れ渡ってしまい、被害が深刻化してしまうという問題があります。

現代では名簿業者などを通じて比較的容易に名簿を入手できることから、金融業者の中には、名簿業者から口座番号を入手し、一般人にも金を振り込んで法外な利子を要求する場合も増えています。

● 金銭消費貸借と押し貸し

金を貸し借りすることを法律上「金銭消費貸借」といいます。金銭消費貸借の成立要件として、金を借りて、その金額を返すということを借り手側が貸し手に約束する（民法587条）ことが必要です。

振り込みをされた側が金を借りる意思がない以上、消費貸借契約は成立しません。

また、このような不当な融資は法律上は不法原因給付（民法708条）になります。不法原因給付とは、麻薬売買やとばく取引など違法な取引を行い、自ら進んで売買代金などを支払った者は、支払った代金などの返還を請求するができないことをいいます。

そのため、不当な融資を行った金融業者が融資の返還請求をしてきたとしても、金融業者側に返還請求権が認められないものとされることも多いようです。

つまり、返さなくてもよいこともあるのですが、そのような金銭を受け取ったままにしておきたくない場合には、弁護士や消費生活センターと相談の上、借りた50万円をそのまま返せば大丈夫です。利子をつける必要はもちろんありません。

押し貸しは出資法や貸金業法に反する犯罪行為にあたるケースもあるため、慌てることなく専門家に相談するのがよいでしょう。

◆ 押し貸しのしくみ

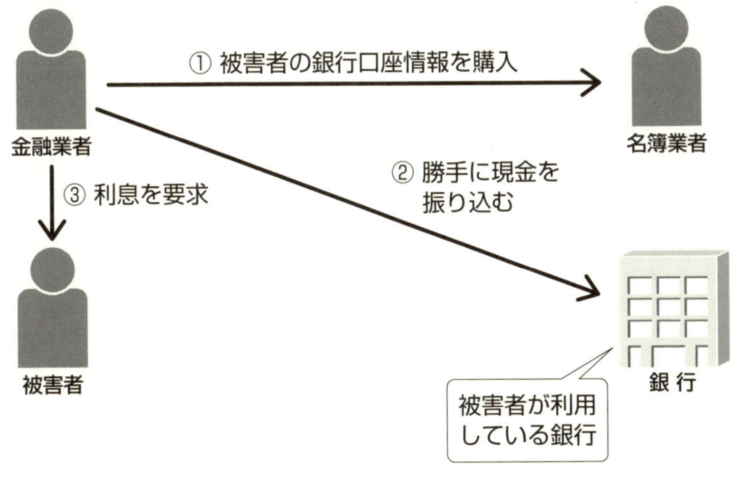

6 過払金の返還を自分で請求することはできるか

可能だが、正確な取引経過を開示させるのは難しい

ケース 私は、金融業者から借金をしていましたが、必要以上の利息を支払っていたことを知りました。友人の話では自分で取り戻すこともできるということだったので、過払金の返還を請求してみようと思うのですが、本当にできるのでしょうか。

アドバイス

金融業者に対し、必要以上に返済をしている場合、業者に自力で返還請求をすることは可能です。ただ、元金および法定金利内の利息に関しては返済の義務があるわけですから、やみくもに「返せ」と言うわけにはいきません。まずは本当に過払いがあるのか、あるならその金額がどれぐらいかといったことを調べる必要があります。過払金の計算をするにあたって必要な情報は、借入年月日、借入金額、返済年月日、返済金額です。過払金の計算をするには、すべての借入れ、すべての返済について、上記の情報が必要ですが、こうした情報を自分で把握している人はほとんどいないでしょう。

そこで、過払金の計算をするために、金融業者に取引経過を開示するよう申し入れる必要があります。

相談のように自分自身で過払金の返還請求をする場合には、自分で取引経過の開示を申し入れなければなりません。

問題は、電話や普通郵便で取引経過の開示請求をしたのものの、一向に開示されない場合です。このような場合に備えて、FAXで請求書を送って送信内容をプリントアウトしたり、内容証明郵便で請求するという対応が必要になるでしょう。また、業者が開示に同意して書類を返送してきても、それだけで安心してはいけません。業者によっては過払金返還を避け

るため、一部の取引経過だけを開示したり、返済の記録を改ざんするなどの細工をしている可能性があるからです。業者から取引履歴の資料が送られてきたら、その内容をうのみにせず、まずは最初の取引期日や借入金額をチェックしてみましょう。もし、自分の記憶とずれがあったり、借入金額に端数があったりした場合には、「すべての情報が開示されていない可能性がある」という疑いを持って十分に確認をする必要があります。

過払金があることが判明したら、金融業者に対して過払金の返還請求書を送付します。ただ、ここまで手続を踏んでも、金融業者が利用者の要求どおりに過払金を返還してくれることはまずないようです。このような場合には、裁判所に介入してもらうことを検討します。方法としては、調停と訴訟があります。この段階で弁護士や認定司法書士などに依頼することもできますが、着手金や報酬などが必要になります。

書式　過払金返還請求通知書（内容証明郵便）

過払い金返還請求通知書

前略

先日貴社から送っていただいた取引履歴一覧表を利息制限法に定められた法定金利に従い元利計算した結果、金41807円の過払いと過払い利息88円があることが判明しました。

よって、上記合算金員41895円を平成20年4月15日までに下記の口座までお支払いくださるようお願い申し上げます。

上記指定期限までにご返金が確認できない場合は、○○簡易裁判所に民事訴訟を提起することとします。

その際は、上記金額に加えて返還日までの遅延利息や訴訟費用も合わせて請求させていただく旨念のため申し添えます。

記

四菱さくら銀行霞ヶ関支店　普通預金
口座番号0000000
口座名義　甲山昭男（コウヤマ　アキオ）

平成22年4月8日

○○県○○市○○1丁目1番1号
甲山昭男

○○県○○市○○2丁目2番2号
○○金融株式会社
代表取締役　○○○○　殿

7 自分で金融業者に過払金返還請求をしたが応じてくれない

最終的には訴訟を提起する必要がある

ケース 私は、金融業者から借金をしていましたが、必要以上の利息を支払っていたことを知り、自分で業者に過払金を返還するように請求しました。ところが、業者は請求に応じてくれません。このような場合、どうすればよいのでしょうか。

アドバイス

相談者のように、金融業者に過払金の返還請求を行っても、支払いに応じない業者は多いようです。

このような場合や、過払金を減額することなく全額回収したい場合には、金融業者に対して訴訟を提起し、裁判を行うことを考えなければなりません。

過払金返還請求に関する訴訟を「過払金返還請求訴訟」、「不当利得返還請求訴訟」などといいます。

通常は、2、3回交渉して、業者が自分の納得できる金額の返還に応じなければ、訴えを提起したほうがよいでしょう。

過払金返還請求訴訟は、自分の過払金が発生している金融業者を被告として提起します。その際、請求額には、業者が過払金を返還する日までの利息も含めて請求するようにします。

訴訟を起こす場合の訴状の作成は、サンプルなどを参考にすればよいでしょう。裁判所に訴状が受理されると、第１回口頭弁論期日が定められます。その後、被告が答弁書を提出し、口頭弁論、判決の言い渡しという流れになります。答弁書に和解金額が提示されている場合があります。また、裁判官が和解を勧めてくることもあります。いずれの場合も、被告の提示する金額があまりにも低い場合などには無理をして和解する必要はありません。裁判所から勧められた場合は、和解金額を上げるよう裁判長から被告に勧告してもらったり、裁判の続行を希望したほうがよいでしょう。

自分だけで訴訟を起こすことに不安がある場合は、弁護士や認定司法書士などの専門家に依頼する方法も考えられます。というのも、金融業者の中には、弁護士か認定司法書士を代理人として請求しなければ、任意での過払金返還に応じないところもあるからです。返還には応じたものの、実際に発生している過払金とくらべて非常に低い割合でしか返還に応じないような場合も、すぐに訴えを提起したほうがよいといえます。業者がこうした対応をすることが種々の情報によってあらかじめわかっているのであれば、いきなり訴えを提起するという方法もあります。

なお、過払金の返還請求訴訟は、請求する金額によって訴訟を起こす裁判所が変わるので、注意して下さい。過払金の元金が140万円以下の場合は、簡易裁判所で、140万円を越える場合は、地方裁判所で裁判を行うことになります。

地域に関する裁判所の管轄にも注意が必要です。過払金返還請求訴訟の場合、被告である金融業者の本社所在地を管轄する裁判所、自分が取引していた消費者金融業者の支店所在地を管轄する裁判所、自分の住所地を管轄する裁判所のどれかに提起することになります。

一般的にいって、裁判所への訴状の提出のしやすさ、口頭弁論期日の出席のしやすさから考えれば、自分の住所地を管轄する裁判所に訴えを提起するのが最もよいといえるでしょう。

◆ 過払金請求の流れ

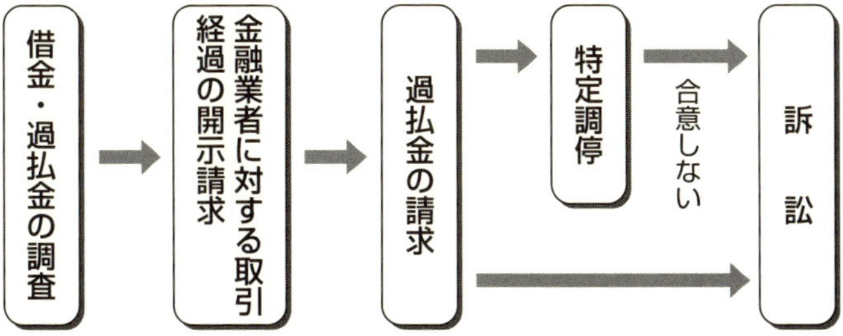

8 消費者金融業者から身に覚えのない借金の督促状が届いたが

返済義務はない。警察に届け出るのもよい

ケース 私は、会社を退職して、年金生活をしている73歳の者です。長年働いてきたかいがあって、今では、孫に囲まれながら退職金と年金で悠々自適の生活を送っています。

ところが、先日、私宛にAローンという聞いたことのない消費者金融業者から、封書が届きました。封書を開けてみると、借金の督促状が入っていました。それによると借金返済の期限が○年○月○日と迫っていて、大至急指定の銀行口座に14万円を振り込まなければならないようでした。期限までに全額の振込みをしないと、「法的措置をとる」とも記載してありました。身に覚えがないのですが、どう対処すればよいでしょうか。

アドバイス

最近、金融業者に限らず見知らぬ業者から、「契約が成立しましたから代金をお支払い下さい」などという督促状が届くことがあります。特に、高齢者を狙っているものが多く、新手の悪質詐欺といえるでしょう。

借金は法律的には「消費貸借契約」といって一種の契約です。契約は当事者が合意しない限り、成立しないのが原則です。ですから、身に覚えがないのであれば、何も不安になることはありません。

ただ、可能性としては、家族の誰かがあなたの印鑑を使って、あなた名義で借金をしているケースもありえます。まず、家族の方々とよく相談してみてください。もし、そうだとしても、あなた自身が借金を返済する義務は、原則としてありません。借りた本人が返済義務を負うことになります。

家族にも覚えがなければ、その督促状をもって警察に届け出ましょう。

PART 5

任意整理・特定調停・個人再生をめぐる法律問題

1 特定調停を利用する場合に気をつけるべきこととは

同意する可能性を見極めることが重要

ケース ある消費者金融から借りた50万円の借金の返済に四苦八苦してきました。利息が高かったため、全然元本が減らず、完済できなかったのです。そんな折、給与が下がり、月々の返済にあてる余裕がなくなってきました。何とかしたいと思っていたところ、特定調停という手続があることを知りました。費用も安いので利用したいのですが、どのような点に気をつけて手続を進めたらよいでしょうか。

アドバイス

特定調停のメリットは、格段に費用が安いということです。また、調停委員会が主導して手続を進めていくため、申立人に法律知識がなくても問題なく利用できます。申立書も簡単に記載できます。特定調停は、債権者を個別に相手とすることを前提とする手続きですから、少数の債権者を相手とする場合に向いています。あなたが一社だけを相手にする場合、利用しやすいと言えます。反対に、債権者が多く、まとめて交渉したい場合には向いていません。もし債権者が他にも多数いる場合は他の方法を検討しましょう。注意しなければならないのは、相手が同意しない場合や出頭しない場合です。この場合、調停は成立しません。

あなたの場合、利息が高かったということですから、利息制限法に反する利息を引き直してみることをおすすめします。支払った利息を元本に充当して債務がいくら残るかを算出するのです。計算の結果、元本がゼロになっているかもしれませんし、残りわずかな場合もあるでしょう。このような場合、返済のメドもたてやすいので、相手方も話し合いに応じてくれる可能性が高くなります。

◆ 特定調停のしくみ

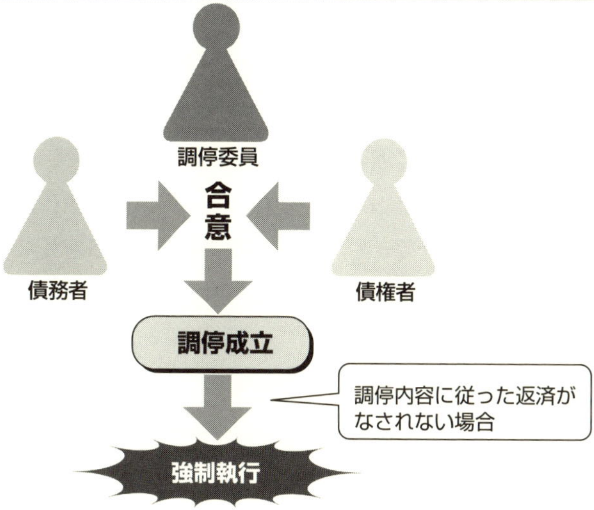

まめ知識　任意整理と特定調停とはどう違うのか

任意整理とは、債権者と債務者が自由に交渉する方法、特定調停とは民事調停の一種で、裁判所への申立てによって始まり、当事者双方のほか調停委員が介入する方法です。いずれも債務者の負担を軽減し、その立ち直りを図ることを目的としており、その成立には当事者の任意の合意が必要とされていますが、いくつかの点で違いがあります。具体的には、①特定調停は裁判所が介入するので、取立てや差押などの債権回収手続が進まなくなる、②任意整理での合意は一種の和解契約なので、債務者が合意を守らないときは債権者が裁判所に訴え出て債権を回収するが、特定調停での合意はすぐに強制執行を行える、③特定調停では、債権者は手持ちの債権関係の資料を提出しなければならず、透明性がある、といったことが挙げられます。

2 任意整理で合意した返済ができなくなってしまった

返済できない状態が一時的なものかどうかで対応は異なる

ケース 1年前に取引先が倒産し、私の経営している会社も倒産の危機にさらされました。しかし、知人のA弁護士のおかげで、無理のない任意整理ができて、倒産の危機を乗り切りました。

ところが、今度はメインバンクの経営破たんが表面化し融資を一時的に得られなくなったため、任意整理で合意した契約どおりの返済が一時期滞りそうです。公正証書による契約なので強制執行されたら今度こそ倒産です。どうしたらよいのでしょうか。

アドバイス

「任意整理」という言葉を使ってはいますが、そこで行われていることは、法律の専門用語では「和解契約」ということになります。これも契約の一種なので、合意内容を守らなければ、債務不履行となり訴えられれば敗訴します。しかも、このケースでは合意内容が公正証書になっているので、判決を得なくてもすぐに強制執行を受ける可能性があります。せっかく、債務の整理に成功して、今日まで頑張ってきたのですから、何とか乗り切りたいものです。

まず、あなたがすべきことはA弁護士に連絡して、事態を報告することです。契約内容を守れない場合、善後策は2つあります。不履行が今後も続きそうな場合には、破産手続や民事再生などの法的措置に移らざるを得ません。強制執行されたり、手形が不渡りになるなどして、債権者が押しかけてきて収拾がつかなくなる前に、手続をするべきです。一方、不履行が一時的なものであれば、債務整理に立ち会った弁護士に依頼して、手形をジャンプしてもらったり、強制執行を控えてもらうなど、交渉によって最悪の事態を避けるようにします。その場合、不履行が一時的であることを示す資料を　　提示します。

◆ 任意整理すべき場合とは

- □ 債務を個別に処理したい場合
- □ 裁判所を通したくない場合
- □ 株主や出資者の理解を得られそうな場合
- □ 現在の経営権を維持したい場合
- □ 破たんの事実を公表されたくない場合

↓

任意整理

まめ知識　特定調停で成立した合意に従った返済ができないが

特定調停において当事者が合意に達し、その内容を裁判所の書記官が調書に記載すると、それは裁判での判決と同じ効力を持つことになります。つまり、特定調停で成立した合意に従った返済ができない場合、相手方はあらためて訴訟を提起することなく、強制執行によって合意内容を実現できるということです。

返済できないのが一時的なことであり、早急に立ち直るめどがあるのなら、再度債権者と交渉して強制執行に移るのを待ってくれるように依頼するのが一番よいでしょう。この場合、調停をした裁判所や調停委員は介入しません。

ただ、立ち直りのめどが立たない場合、債権者も交渉に応じてくれないと思われますので、自己破産の申立てなどの法的整理を開始すべきでしょう。

3 個人民事再生を選択すべきかどうか迷っているが

資格制限はない。自宅も失わずにすむ可能性もある

ケース 個人商店を経営してきましたが、不況の影響を受けて債務が累積してしまいました。いろいろと考えましたが、任意整理や特定調停では追いつかないほど債務が多額に及んでいるので、法的整理に入ろうと思っています。

ただ、法的整理のうち、破産手続開始と個人民事再生のいずれの手続を選択すべきか悩んでいます。それぞれの手続にどのようなメリット・デメリットがあるのでしょうか。

アドバイス

債務総額が、月々の収入の中で返済に回すことができる金額の36倍を上回ったときは、赤信号状態です。任意整理や特定調停による債務整理よりも、自己破産か個人民事再生といった法的整理に移行したほうがよいでしょう。次に、いずれを選択すべきかですが、一概に決定することはできず、ケース・バイ・ケースで判断していくことになります。その判断において考慮すべき要素は、以下のとおりになります。

① 免責

破産手続の過程で免責が決定されると、債務者は債務を返済すべき義務から解放されます。これが最大のメリットです。個人民事再生では、圧縮されたとはいえ、債務を返済すべき義務は残ります。

② 優先担保権の実行

債務を担保するために、自宅や会社建物などに抵当権などを設定していることも多いでしょう。破産手続が始まっても、抵当権者については優先的に弁済されます。そのため、いずれにしても自宅などを失うことになります。しかし個人民事再生では、自宅を失わずにすむ可能性もあります。

③ 資格制限

弁護士や公認会計士など、破産すると一定の仕事に就くことが制限されます。個人民事再生では、この資格制限はありません。

◆ 自己破産と個人民事再生の違い

	自己破産	個人民事再生
負債総額	制限なし	5,000万円を超えないこと
申立ての要件	支払不能	支払不能のおそれがあること
資格制限	一定の制限あり（181ページ）	なし
住宅などの資産	管財手続きにより配当にあてられる	住宅ローンの特則があり処分されずにすむことがある

まめ知識 支払不能のおそれということ

「破産する前に何とか手を打とう」という時に考えるのが、任意整理や特定調停、個人民事再生手続です。個人民事再生手続においては、債務者に破産手続開始の原因となる事実の生ずるおそれがあるときに、債務者は裁判所に対して、再生手続開始の申立てができます。この破産手続開始の原因が支払不能です。個人民事再生手続では、「支払不能のおそれ」があることが手続開始のポイントになります。つまり、支払不能になる前に債務整理ができるのです。早い段階で再生手続に入ることにより、破産から免れることができるのです。結局、破産しないで債務整理できるかどうかは、支払不能になっているかどうか、にかかっているということになります。

4 経営している店舗と自宅を失わずに債務整理をしたい

債務総額が5,000万円までなら小規模個人再生が利用できる

ケース 私は個人で居酒屋を経営しています。景気がよかったときに何軒かの支店を展開していましたが、不況になってからというもの、赤字続きでかなりの債務が累積しています。

経営難のため自分の取り分を減らして、従業員にも給料を支払ってきましたが、このままでは自宅の住宅ローンにも支障が出てきます。自己破産も考えましたが、家も店も何もかも失うことには耐えられません。何か別の方法はないのでしょうか。

アドバイス

破産となると、債務者の財産はすべて整理されてしまい、自宅も処分されてしまいます。そこで、破産よりも緩やかな債務整理として、「個人再生」という方法があります。あなたのような個人事業主のケースでは、「小規模個人再生」が適しています。

小規模個人再生では、債務を軽くして原則3年で分割払いすることによって、債務者の更生を図ります。

条件としては、まず、債務者が将来において継続して収入を得る見込みがなければなりません。次に、抵当権などの担保権が設定されているものを除いて、債務総額が5,000万円を超えていないことが必要です。さらに、法律上、債務総額に応じて最低弁済額が定められています。この弁済額を原則3年、最長で5年かけて分割払いしていくわけです。

なお、再生計画案については、債権者の決議を必要とします。

この個人再生には、「住宅資金貸付債権に関する特則」が設けられています。それによると、個人再生手続の過程で住宅ローンは他の債権と分離して扱われ、住宅を失わないように返済計画を組むこ

とが認められています。
　これらの手続については、「民事再生法」に規定されています。
　うまく利用して再起を図ってください。

◆ 小規模個人再生に関する債権

債権名	内容	弁済方法
共益債権 一般優先債権	再生計画遂行に関する費用、労働債権（給料債権など）、租税など	減額や免責などの対象にはならない
担保権付債権	別除権を有する債権のこと。一般債権者とは別に弁済を受ける	別除権（154ページ）を行使して弁済を受けることができる（担保不足額は再生債権となる）
再生債権	共益債権、一般優先債権、担保権付債権を除いた債権	再生手続き開始後は再生計画によって弁済する

◆ 小規模個人再生の流れ

再生手続開始の申立て → 小規模個人再生を求める申述 → 再生手続開始決定 → 債権の届出 → 再生計画案の作成 → 債権者の書面による決議 → 認可決定

5 「借金総額が5,000万円以下」という場合、住宅ローンの残額は含まれるのか

抵当権などで担保される債権は除外される

ケース 多額の借金を抱えているため個人民事再生の利用を考えています。住宅ローンに関する特則の適用を受けるつもりですが、債務総額が5,000万円以下でなければこの制度は利用できないと聞きました。私は住宅ローンの支払がまだ4,600万円ほど残っており、消費者金融への借金が元本だけで600万円ほどあります。両者をあわせると、5,000万円を超えてしまうのですが、利用できないのでしょうか。

アドバイス

よく個人民事再生を利用するための債務総額は5,000万円以下、と言いますが、実際の計算に含める債務は、以下のように少々複雑ですので注意してください。

まず、住宅ローンがない場合や住宅ローンがあっても住宅ローンに関する特則の適用を受けることができない場合（あるいは自発的に住宅ローンに関する特則の適用を受けない場合）は、①自分が抱えている債務額の合計を算出します（利息制限法の利率を超えている債務については、引直し計算をします）。②別除権（再生債務者の財産に対して抵当権などの担保権を設定している権利者が再生手続によることなく担保権を実行して債務を回収することができる権利のこと）の行使によって弁済が見込まれる分（たとえば不動産の時価）を引きます。住宅ローンがあり、住宅ローンに関する特則の適用を受ける場合は、上記の①は住宅ローンの残額を除いて算出し、後は上記と同様です。

こうして最後に残った借金が、総額で5,000万円以下であれば、個人民事再生が利用できます。

つまり、住宅ローンに関する特則の適用を受ける場合には、住宅

ローンの残額については債務総額の5,000万円には含めないで計算することになります。

あなたの場合、この住宅ローンに関する特則の適用を受けるつもりだということですから、債務総額には住宅ローンの残額は含めないことになります。

あなたの債務が住宅ローンと消費者金融への借金以外にない場合、債務総額は5,000万円以下ですから、債務総額が理由で利用できないことはないでしょう。

ただ、この計算方法はあくまでも簡略化したものです。実際には、債権の元本及び再生手続開始決定の日の前日までの利息・損害金を再生債権の額とすることができます。元本の額が5,000万円ぎりぎりの場合、利息・損害金を上乗せすることで5,000万円を超えてしまい、再生計画の認可決定が得られない場合があります。

あなたの場合は、元本が600万円ということですから、問題ありませんが、他にも債務がある場合には、この点に注意して下さい。

◆ 債務額が 5,000 万円以下かどうかの確認方法

1. 全ての債務を調べて総額を確定する

↓

2. ①から除くべき債務を除く

住宅ローンに関する特則の適用を受ける場合	住宅ローンがない場合・住宅ローンに関する特則の適用を受けない場合
↓	↓
住宅ローンを除く	住宅ローンの額も含める

↓

3. 別除権を行使した場合の額を除く

↓ 額については不動産の時価などを基準とする

4. ③の中に利息制限法を超えた利息がある場合にはその分を除く

※ ④が 5,000 万円を超えていなければＯＫ

6 再生計画が認可されない場合もあるのか

債権者の決議で否決されたり不認可事由に該当すると認可されない

ケース 小規模個人再生制度の手続を進めようかと思い、手続を調べていたのですが、小規模個人再生を進めるには再生計画案が認可されなければならないとのことでした。この計画案が認可されないことはないのでしょうか。また、もし認可されなかった場合、手続はどうなるのでしょうか。

アドバイス

結論からお話ししますと、計画案が認可されない、ということはあり得ます。この場合には、再生手続は廃止となります。

小規模個人再生という手続は、個人で商売をしている場合のように、継続的または反復的に収入を得る見込みがあって、債務総額が5,000万円を超えない個人が利用できる手続です。

小規模個人再生では、3年間（特別な事情があれば5年間）で弁済するのが原則です。再生計画の認可決定には、債権者の書面による決議が必要になります。この決議で否決された場合、認可はされません。結果として、再生手続は廃止となります。再生手続が廃止となった場合、もう一度再生手続をしたい場合はすべて最初からやり直さなければなりません。

再生計画案が債権者によって可決されると、裁判所は、再生計画案を認可するか、認可しないかの判断を行うことになります。裁判所が認可決定を出し、それが確定してはじめて再生計画は効力をもつことになります。再生計画の認可または不認可に対しては、債務者、債権者は即時抗告（裁判所の決定などに対する不服申立て）をすることができます。

再生計画案が債権者によって可決された場合、裁判所は、原則として再生計画案の認可決定をしなければなりません。ただ、法律で定められた不認可事由がある場合は不認可決定を出します。

通常は、最低弁済額や清算価値保障に注意して再生計画案を提出したのであれば、手続中に、将来において継続的にまたは反復して収入を得られそうにないことが判明しない限り、認可決定が出される可能性は高いといえるでしょう。

なお、給与所得者等再生の場合、小規模個人再生の場合と同様の不認可事由に加えて、いくつか固有の不認可事由が規定されています。たとえば、収入の面で給与所得者等再生を利用できる資格に該当していなかったり、申立ての前7年以内に給与所得者等再生の認可決定が確定していたり、免責決定が確定していたりした場合です。

したがって、あなたに不認可事由がある場合や、債権者の決議が否決された場合には、計画案は認可されずに手続は廃止となります。

◆ 主な不許可事由

●小規模個人再生の場合

①再生手続きまたは再生計画が法律の規定に違反し、その不備を是正できないとき

②再生計画が遂行される見込みがないとき

③再生計画の決議が不正の方法によって成立するに至ったとき

④再生計画の決議が再生債権者の一般の利益に反するとき

⑤再生債務者が将来において継続的にまたは反復して収入を得る見込みがないとき

⑥債権調査を終えた後の無担保再生債権の総額が5,000万円を超えているとき

⑦再生計画に基づく弁済の総額が債権調査を行った後の無担保再生債権の総額に応じて定められた最低弁済額を下回っているとき

⑧住宅資金特別条項を定める意思がある旨を債権者一覧表に掲載したのに、再生計画中に住宅資金特別条項の定めがないとき

●給与所得者等再生の場合

①給与またはこれに類する定期的な収入を得る見込みがあり、その額の変動の幅が小さいと見込まれる場合にあたらないとき

②給与所得者等再生の申立てが、以下に定める日から7年以内であるとき

・以前に給与所得者等再生における再生計画が遂行された場合は、以前の再生計画認可決定の確定日

・ハード・シップ免責の決定が確定した場合は、その免責決定にかかわる再生計画認可決定の確定日

・破産法にもとづく免責決定が確定した場合はその免責決定の確定日

③再生計画における弁済の総額が、可処分所得に応じた最低弁済基準に達していないとき

7 再生計画が実現できそうもなくなったらどうすればよいか

ハードシップ免責を受ける他、新たに計画を申し立てたり、変更を検討する

ケース 私は１年半前に再生計画案を提出し、裁判所から認可決定を得ました。その後、まじめに働き続けてやっと再生計画の返済があと半分となったところで、会社が倒産してしまいました。私は53歳ですが、この年齢と不景気のせいか全く仕事がありません。とても再生計画を遂行することができそうにないのですが、どうすればよいのでしょうか。

アドバイス

再生計画で定められる債務の弁済期間は原則として３年、長くなると５年にも及ぶことになりますから、その間に、病気になったり、不意の事故や災害に襲われたり、はたまた失業したりなど、再生手続終結時には予想もしていなかった事態が生じて、再生計画の遂行が困難になる場合があり得ます。

このような場合には、債務者としては、①再生計画の変更や、②ハードシップ免責を申し立てることができます。

再生計画を遂行していくことが難しくなった場合、債務者は、再生計画を自分に有利に、つまり実現可能なものに変更してもらうことができます。この場合、すでに決まっている債務の減額はできませんが、債務の弁済期間の延長という形であれば、再生計画の変更が認められることがあります。

したがって、あなたが①を利用する場合には、すでに決まっている債務を減額することはできませんが、弁済期間の延長が認められる場合はあるでしょう。

一方、②のハードシップ免責は、認められるための要件が非常に厳しいと言えます。ハードシップ免責とは、債務者が、自らの責任とはいえない事情によって、再生計画の遂行が極めて困難になったよ

うな場合に裁判所の決定によって、その後の責任を免れることができる制度を言います。この免責が認められるための具体的な要件は以下の①〜④となっています。

① 債務者に責任のない事情によって、再生計画を遂行することが極めて困難になったこと
② 借金の返済が4分の3以上終わっていること
③ 免責の決定が、債権者の一般の利益に反するものではないこと
④ 再生計画の変更だけではまかなえないこと

ただ、あなたの場合、再生計画の返済があと半分になったということですから、②の要件を満たしていません。したがって、現時点ではハードシップ免責を利用することはできないでしょう。

なお、新たに小規模個人再生を含む個人再生手続を申し立てることも可能です。再生計画を変更するだけではまかなえないほど収支状況が悪化している場合でも、要件を満たしていれば、新たに申し立てることは可能ですから、検討してみて下さい。

◆ ハード・シップ免責のしくみ

・債務者に責任のない事情によって、再生計画を遂行することが極めて困難
・借金の返済が4分の3以上終わっている
・免責の決定が、再生債権者一般の利益に反するものではない
・再生計画の変更だけではまかなえない

8 会社での地位と生活を守りながら債務整理をしたいのだが

給与所得者等再生を利用すれば会社での地位と生活を失わずに再生できる

ケース 私は商事会社に勤務しています。長年の苦労が実って、この春、部長に昇進しました。給料もかなり上がったので、郊外に購入したマイ・ホームのローンも4、5年程度で完済しそうです。ところが、故郷で父親と兄の経営している会社が倒産し、銀行からの借入れについて連帯保証している私は、多額の負債を抱えました。せっかく築いてきた会社での地位と生活をこのまま失いたくないのですが、自己破産するしかないのでしょうか。

アドバイス

あなたの保証債務がどの程度の額かは具体的にはわかりませんが、場合によっては自己破産ではなく、個人再生の中の「給与所得者等再生」が利用できます。これは裁判所の監督下で再生計画を立てて、債務を軽減して債務者に返済させるという債務整理の方法です。「民事再生法」に規定されていて、自営業者に適用される「小規模個人再生」と並ぶものです。

適用の条件としては、まず、「小規模個人再生」の場合と同様に、将来において継続的に収入を得る見込みのある者で、債権の総額（担保権の設定されているものを除く）が5,000万円を超えないことが必要です。「給与所得者等再生」では、この条件に加えて、収入額の変動の幅が小さいと見込まれることも必要です。

給与所得者等再生では、再生計画を立てて、減額された債務を原則として3年かけて返済します。この再生計画については、小規模個人再生では、債権者の決議が必要でした。しかし、給与所得者等再生の債務は比較的少ないので、手続が簡略化され債権者の決議は省略されています。

さらに、「住宅資金貸付債権に

関する特則」が設けられています。再生計画において住宅ローンは他の債権と分離して扱われ、住宅を失わないように返済計画を組むことができますから、この制度の利用を検討してみて下さい。

◆ 給与所得者等再生の対象

対象者	対象となるか否か
一般的な会社員	なる
継続的に勤務するアルバイト	なる
年金受給者	なる
就職が内定している失業者	なる
歩合比率の高い契約社員	ならない
専業主婦	ならない

◆ 給与所得者等再生の場合の最低弁済額

最低弁済額

- 借金総額が100万円未満のときは、その金額を返済する
- 借金総額が100万円以上500万円未満のときは、100万円を返済する
- 借金総額が500万円以上1,500万円未満のときは、その金額の５分の１を返済する
- 借金総額が1,500万円以上3,000万円未満のときは、300万円を返済する
- 借金総額が3,000万円を超え5,000万円未満のときは、その金額の10分の１を返済する

例）年収500万円、借金総額900万円の会社員900万円の５分の１である180万円が最低弁済基準

可処分所得要件

- 所得税・住民税などを控除した手取り年収から最低限度の生活を維持するのに必要な１年間の費用（生活費）を控除した額（可処分所得）の２年間分を原則３年（例外５年）で支払う

9 可処分所得はどのように計算するのか

政令で定められた地域ごとに、基準に従って算出する

ケース 給与所得者等再生を利用して、生活を立て直したいと考えています。ただ、提出する計画案に記載する計画弁済総額が、これまでの２年間の平均年間可処分所得の２年分以上でなければならない、と聞きました。可処分所得とはどのようなものなのでしょうか。また、この可処分所得は、どのようにして算出するものなのでしょうか。

アドバイス

確かに、給与所得者等再生は可処分所得の２年分以上（または最低弁済額あるいは清算価値以上）を、原則として３年（例外５年）で返済し、残りの借金は免除してもらう制度です。可処分所得の額がわからなければ、いくらの借金を免除してもらえるのかはわからないことになりますから、可処分所得がいくらなのかを知っておく必要があると言えるでしょう。

この可処分所得は、収入から所得税・住民税・社会保険料・生活費などを引いた残り、つまり、借金の返済に回すことができる金額のことです。

具体的には、税込み収入から所得税などを引いた手取額から、地域の特性や家族構成などに応じた生活保護基準をベースに１年分の費用を計算し、それが控除されることになります。

可処分所得を算出するための基準は、政令で定められています。

政令では、全国の債務者の居住地域を大きく６区に分類した上で、それぞれの地区の特性や、債務者の年齢・家族構成などに応じて、個人別生活費、世帯別生活費、冬季特別生活費、住居費、勤労必要経費、を定めています。

これらの費用を、前述した年収から引き算します。

個人別生活費というのは、人一人が生活するのに必要と思われる費用のことで、その人の年齢や居住している地域によって異なるもの、とされています。年齢に応じて変化してきますが、幼児では低く、小・中・高校生や高齢者では、比較的高く設定されています。

世帯別生活費も地域や家族構成などで異なってきます。

冬季特別生活費というのは、冬の間の暖房費を考慮した費用で、寒冷地になると、当然この金額は大きくなります。ちなみに、東京23区では２万7000円ですが、北海道では20万円近くにもなります。

住居費は、住まいの維持費のことで、もっぱら各地域の賃料相場などを参考に決められています。

勤労必要費は、居住地域と収入に応じて一律に定められています。

これらの金額の合計を手取り年収（所得税、住民税、社会保険料を控除したもの）から引き算すれば、可処分所得を計算することができます。この２年分以上を、原則３年で返済するわけですが、政令は物価の状況や生活保護基準の変更によって改正されていきますので、法務省のホームページ（http://www.moj.go.jp/）などで最新の数値を確認したほうがよいでしょう。

なお、あなたの年収が大きく変動している場合は、必ずしも過去２年分の年収をベースにするとは限りません。年収が大幅に減った場合は減少した年収をベースとしますし、急激に増加した場合は増加した年収をベースに計算します。

◆ 年収から控除される最低生活費

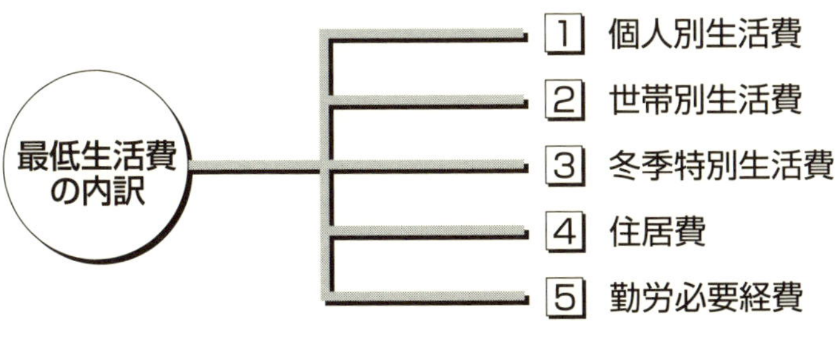

10 保証会社が代位弁済をしてしまうとどうなる

代位弁済後６か月が経過してしまうとマイホームを守れなくなる

ケース 給料が下がり、住宅ローンも支払えなくなってきたため、個人民事再生を利用しようとしたところ、申立前に住宅ローンの保証会社が銀行に返済をしてしまいました。私は自宅を手放さなければならないのでしょうか。

アドバイス

月々の住宅ローンの支払いがままならなくなった債務者のために返済条件について変更を認める制度を住宅ローンに関する特則と言います。住宅ローンや他の債務の返済に苦しんでいる債務者は、個人民事再生の手続と並行して、住宅資金貸付債権（住宅ローン）に関する特則を利用することができます。個人民事再生と住宅ローンに関する特則を併用する際は、再生計画案に住宅ローンの返済に関する住宅資金特別条項を盛り込んで、裁判所に提出します。

再生計画が裁判所によって認可され、確定すれば、住宅ローンの債権者である銀行などの貸主の意思にかかわりなく期限の利益が回復されたり、返済期間が延長されたりします。住宅ローンに関する特則の対象となる住宅は、個人が所有し、居住する住宅であることが原則です。

さて、保証会社は借主が月々の返済額を返せないような場合に保証してくれますが、これは銀行に対して不払い分の保証をするだけで、借主の立場を守ってくれるわけではありません。

住宅ローンの延滞が生じて、ある程度の期間が経過すると、相談のケースのように保証会社が債務者に代わって、金融機関に返済してしまいます。これを代位弁済と言いますが、この代位弁済がなされると、債権者は、銀行から保証会社にかわってしまいます。

相談者の場合には、銀行から保証会社に移動した債務を返済しつづけなければならないわけですが、返済ができない場合、保証会社が担保にしていた住宅を競売にかけてしまいます。

保証会社と債務者は分割払いの契約を結んでいるわけではありませんから、従来どおりに返済したり、返済期間を延長したりするような住宅資金特別条項を設けることはできないように思われます。

しかし、保証債務の履行完了後6か月以内に再生手続の申立てがあった場合に限って、住宅資金特別条項の利用は認められています。

したがって、ケースの場合、保証会社による代位弁済が行われてから、6か月以上が経過する前に再生手続の申立を行うことが重要です。そうすれば自宅を手放さなくてもすみます。

◆ 代位弁済のしくみ

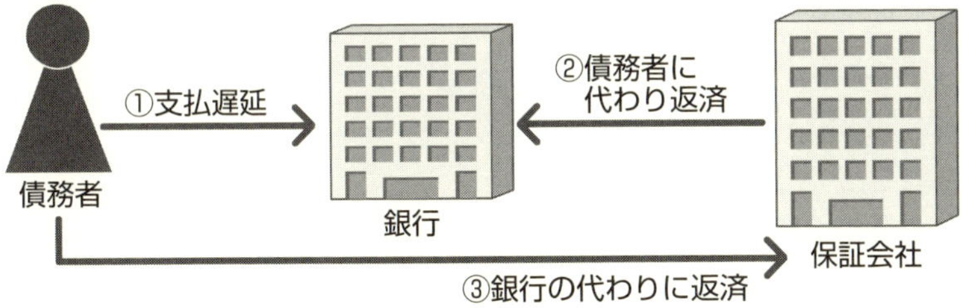

◆ 住宅ローンに関する特則の対象にならないローン

- 住宅の上に他の担保権が設定されているとき
- 住宅とあわせて他の不動産に住宅ローンを担保する抵当権が設定されていて、その不動産に優先順位の低い担保権がつけられているとき
- 法定代位によって住宅ローン債権を取得した場合
- 保証会社による保証債務履行後6か月を経過した場合

11 住宅資金特別条項を盛り込む場合にはどのような内容にしたらよいか

返済できそうな場合には同意不要型やそのまま型にするとよい

ケース 住宅ローン以外にも借金があり、このままではいずれの債務も返済できなくなりそうなので個人民事再生の申立をすることにしました。自宅を手放さずに生活をたて直すために、再生計画案に住宅資金特別条項を盛り込む予定ですが、銀行の同意が得られるか心配です。どのようにすればよいでしょうか。

アドバイス

住宅資金特別条項には、住宅ローン債権者の同意を要しないもの（同意不要型）と同意を要するもの（同意型）があります。同意不要型として法律が定めているのは、次の３つの類型です。

① 期限の利益回復型

② 最終弁済期延長型

③ 元本猶予型

この他、法律に規定はないものの、実際にしばしば行われており、「同意不要型」に分類できるのが、「そのまま型」と呼ばれるパターンです。これは、住宅ローンについては通常どおりの弁済を続けるというものです。ただ、再生手続が開始すると再生債権への弁済が禁止され、住宅ローンについて期限の利益を喪失してしまい、「そのまま型」が使えなくなります。これを避けるために、住宅ローンについては契約どおり弁済することの許可を求めるため、個人民事再生手続開始の申立ての際に、「弁済許可の申立て」をすることになります。

「同意型」は、住宅ローン債権者の同意を得て、同意不要型や「そのまま型」以外の内容を自由に定めるものです。

したがって、あなたのように銀行の同意が得られるかどうか、心配な場合には、住宅資金特別条項を同意不要型や「そのまま型」にすればよいでしょう。もしすでに住宅ローンについて、期限の利益喪失状態に陥っている場合には、喪失した期限の利益を元の状態に戻して、返済を続けていけるようにする①の期限の利益回復型という方法をとるとよいでしょう。この方法は、住宅ローンのうち、返済が滞ってしまっている元本や利息・遅延損害金を、再生計画で定める返済期間（原則３年、例外５年）内に、分割して返済する方法です。そしてまだ弁済期が到来していない分は、当初の住宅ローンの約定通りに支払っていきます。したがって、再生期間中は、通常の住宅ローンの支払いと、それまでの不履行部分の支払いを合わせて行う必要があります。再生計画終了後は、通常の住宅ローンだけの支払いになります。

ただ、住宅ローン以外の借金は、再生手続の中で最低100万円までに圧縮することも可能ですが、住宅ローンについてはそれができません。住宅ローン以外の借金の額が大きい場合には、かなり厳しい返済計画となるので、期間中に支払い続けることができるかどうか、慎重に検討してください。

◆ そのまま型と期限の利益回復型

銀行の同意を得られるかどうかが不安

↓

そのまま型
＝
住宅ローンの返済を通常どおりに続ける方法

再生手続の開始
再生債権への弁済禁止

↑ 防止策

「弁済許可の申立て」

期限の利益回復型
＝
返済が滞っている元本・利息・遅延損害金を再生期間内に分割して返済する方法

再生期間内
通常の住宅ローンの支払い
＋
不履行部分の支払い

再生期間終了後
通常の住宅ローンの支払いのみ

※ 住宅ローン以外の借金の額が大きい場合には難しい

12 どんな場合に保証会社の競売中止命令が出されるのか

再生計画が認可される場合に競売手続中止命令が出される

ケース 住宅ローンの支払いが滞っていたところ、保証会社によって代位弁済がなされてしまいました。保証会社が競売手続を進める中で、私は何とかマイホームを手放さずに済む方法を考えました。その結果、個人民事再生を利用し、住宅ローンの特則の適用も受けることにしました。ただ、裁判所が競売中止命令を出してくれるか気がかりです。競売中止命令はどんな場合に出されるのでしょうか。

アドバイス

住宅ローンに関する特則を適用してもらいたいときには、再生計画の中に、「住宅資金特別条項」を盛り込んでおきます。

ただ、住宅ローンの抵当権が実行され、競売手続によって住宅が他人の手に渡ってしまったのでは、住宅ローンの特則を利用してマイホームを確保することができなくなってしまいます。そのため、裁判所は競売手続中止の命令を出すことができます。

住宅資金特別条項を盛り込んだ再生計画が裁判所に認められる（認可）見込みがあるときには、債務者の申立てによって、裁判所に、競売手続の中止を命令してもらえます。ただし、この申立ては保証会社による代位弁済がなされてから、6か月以内でなければなりません。さらに、再生計画が認可される見込みがある、と判断されるためには、不認可事由がないことが前提となります。不認可事由とは、次に掲げるものです。

① 再生手続や再生計画が違法なとき

② 再生計画の決議が債権者の一般の利益に反するとき

③ 再生計画が遂行可能であると認めることができないとき

④　債務者が守ろうとしている住宅や宅地を使用する権利を失うこととなると見込まれるとき

⑤　再生計画の決議が不正の方法によって成立したとき

以上の不認可事由が１つでもあれば、裁判所は再生計画について、不認可の決定をしなければならない、とされています。

したがって、こうした不認可事由がないことが「認可の見込みがある」場合だと言えるでしょう。

なお、裁判所は、競売手続中止の命令を出す前に競売申立人である保証会社の意見を聞きます。このときに、「とても再生の可能性がない」と判断されると、競売手続の中止命令は取り消される可能性がありますから、注意しておいたほうがよいでしょう。

◆ 競売中止命令

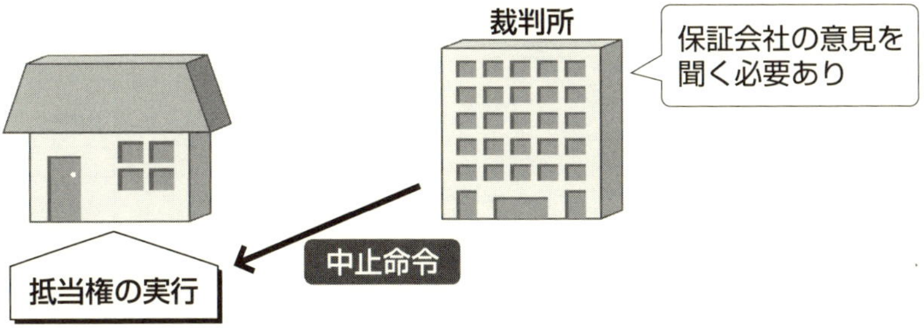

まめ知識　**住宅ローン特則が利用できない場合とは**

住宅ローンを担保するための抵当権の他に、他の債権を担保するための担保権が存在する場合には、住宅ローンに関する特則は利用できません。また、身内や知人が、連帯保証人として債務者に代わって住宅ローンを返済すると、連帯保証人は金融機関が有していた抵当権その他の権利を行使することができます。この場合にも、住宅ローンに関する特則は適用されません。

13 月々の住宅ローンの返済額を軽減する方法にはどんなものがあるのか

最終弁済期延長型と元本猶予型がある

ケース 個人民事再生を利用することにしたのですが、住宅ローンに関する特約も利用する予定です。ただ、給料が減っているのと住宅ローン以外にも多額の借金があるため、月々の返済額を増やす方法はとれません。どうすればよいでしょうか。

アドバイス

住宅資金特別条項の同意不要型として、①期限の利益回復型、②最終弁済期延長型、③元本猶予型の３つの類型がありますが、このうち①の方法の場合、再生期間中には月々の支払額が増えてしまいます。したがって、あなたの場合にはこの方法をとることは難しいでしょう。

では、②の最終弁済期延長型はどうでしょうか。この方法は、住宅ローンの返済期間を、当初の返済期間よりも最長で10年間延長するものです。再生計画前に、住宅ローンについて不履行部分があれば、それも同じく延長された返済期間の中で返済していくことになります。ただ、返済期間延長後の完済時の債務者の年齢が、70歳以下までという条件がついています。

あなたが完済時の年齢とのかねあいで、最終弁済期延長型を利用することができない場合には、元本猶予型という方法を検討してみて下さい。この方法は、最終返済期間を延長してもらった上で、再生計画中（原則３年、最長５年）は、利息の返済の他に、元本部分の返済を一部猶予してもらうことができるというものです。住宅ローンに不履行部分があれば、その返済も猶予してもらいます。この方法だと、再生期間中の月々の返済額は、少なくできるはずです。ただ、再生計画が終了した後は、住宅ローンの返済は通常の形に戻ります。住宅ローンの不履行部分の返済もはじまります。毎月の住宅ローンの返済額はけっこうな金額になることも予想されます。

ただ、いずれの方法も、住宅ローン以外に借金がある場合には、履行できるか不安かもしれません。

なお、もしあなたと銀行が話し合って、履行しやすい内容の住宅資金特別条項を定めることができれば、それに越したことはありません。元本や利息の一部カット、遅延損害金の免除、年齢が70歳を超える時点までの最終弁済期の延長などを認めてくれるかもしれません。銀行も、このような内容であればあなたの履行の可能性が高まり、最終的には有利であると考えて同意してくれる可能性もあるので、交渉してみてもよいでしょう。

◆ 住宅資金特別条項の種類と特徴

銀行との交渉の可否

↓ 可能

同意型

※　履行の可能性が高まると判断されると銀行も同意してくれる可能性もある

交渉内容例

- 元本・利息の一部カット
- 遅延損害金の免除
- 年齢が 70 歳を超える時点までの最終弁済期の延長

↓ 不可能

同意不要型

①期限の利益回復型

ポイント

- 期限の利益を回復する
- 再生期間中に返済が滞っている元本・利息・遅延損害金＋通常のローンを支払う
- 再生期間終了後は通常のローンを支払い続ける

②最終弁済期延長型

ポイント

- 住宅ローンの返済期間を最長で 10 年間延長できる
- 返済期間延長後の完済時の債務者の年齢は 70 歳以下までという制限がある

③元本猶予型

ポイント

- 住宅ローンの返済期間の延長＋再生計画中は利息の返済の他に元本・不履行部分の返済の猶予
- 再生期間終了後は通常のローンの支払い＋不履行部分の返済となる

14 個人民事再生を利用すれば保証人に迷惑をかけずにすむのか

再生計画の効力は連帯保証人には及ばない

ケース 作家として長年生計を立ててきましたが、最近は事務所の賃貸料や機材のリース料の支払いにも困るようになりました。知り合いに相談したところ、「仕事はあるのだし、収入を得られる見込みもあるのだから個人民事再生手続きを利用してみてはどうか」と勧められました。手続きの申立てを検討しているのですが、連帯保証人になっている友人のことが気になります。再生計画で債務の整理が進めば友人の負担も軽くなるのでしょうか。

アドバイス

保証人とは、債務者が債権者に対して負っている義務を履行しない場合に、債務者に代わってその義務を履行する者のことです。保証の種類としては通常の保証のほか、保証人が債務者と連帯して責任を負う「連帯保証」があります。一般的には債権者にとって有利な連帯保証契約が結ばれることが多いでしょう。

そもそも（連帯）保証契約は、債権者と保証人との間の契約によって成立します。（連帯）保証人の負う債務は他人の債務ではなく、保証人自身の債務です。

再生計画の効力は、連帯保証人には及びませんから、再生計画で債務者が何割かの債権をカットしてもらったとしても連帯保証人は債権者から債権の全額を請求されることになります。

そのことを話さないで手続の申立をすることは連帯保証人に迷惑をかけることになります。

連帯保証人にも資力があればともかく、資力がない場合には債務者同様に借金整理をしなければならないことも考えられますから、連帯保証人がいる場合には、必ず手続を申し立てる前に事情を話しておく必要があります。

PART 6

自己破産手続きで
解決するトラブル

1 自己破産すると自宅はどうなるのか

自宅は失われるので新しい住居は探す必要がある

ケース 私は、建築資材を販売する会社を経営しています。材料の仕入れのため、私個人の自宅にも抵当権を設定して銀行から借入れをしています。ところが、最大取引先のゼネコンが倒産したため、私の会社も多額の負債を抱えることになりました。そのため、自己破産を考えていますが、その場合、抵当権のついている自宅はどうなるのでしょうか。

アドバイス

破産手続開始が申し立てられて、裁判所が破産手続開始を決定すると、その破産事件が破産管財人を必要とするかどうかで、その後の手続が変わってきます。

債務者に財産らしきものがほとんどない場合には、裁判所によって破産管財人は選任されず、破産の決定と同時に破産手続自体を終了させます。これを「同時廃止事件」といいます。逆に、それなりの財産がある場合には、それを処分して債権者間に平等に分配することになります。これを「管財事件」といいます。法人の場合は、原則として、管財事件となります。

あなたのケースでは、あなた個人とともにあなたの経営する会社が破産するので、管財事件となるのが原則です。自宅についても、競売にかけられて、換価された現金が債権者に配当されます。

なお、個人破産の場合で財産として自宅不動産をもっているケースであっても、管財事件とならずに、同時廃止事件となることもあります。自宅のローン残高が自宅の資産価値よりもはるかに高い場合がそうです。抵当権がついていることにより、競売しても一般債権者に配当がいかないからです。

ただ、抵当権の実行によって自宅不動産が競売にかけられることになりますから、いずれにしても、　自宅は失われることになります。

◆ オーバーローンのしくみ

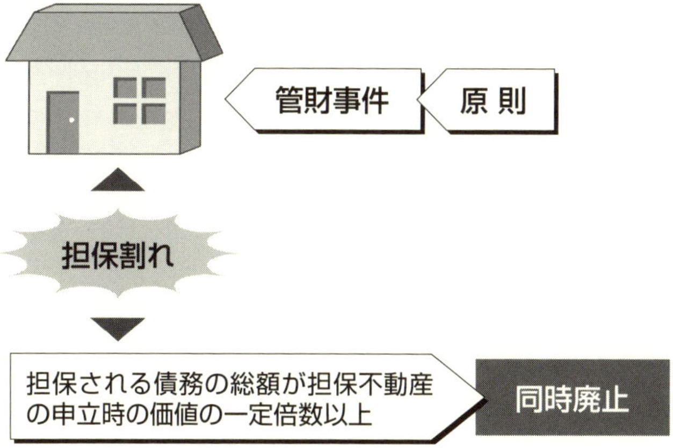

まめ知識　**倒産と破産はどう違うのか**

新聞などで「○○会社事実上の倒産！」などという報道がされることがありますが、ここで使用されている「倒産」と、法律の世界での「破産」という言葉の意味は、かなり異なります。

世間一般で使われている倒産は、通常、会社や個人の資産状態や経営状態が極度に悪化した状況を示します。必ずしも法的な意味ではなく、１度目の不渡りが出たとか、銀行が融資を打ち切ったといった場合でも「倒産」という言葉が使われます。

また、民事再生法などの適用を裁判所に申請した場合にも、倒産という言葉が使われます。

それに対して、「破産」は正式に裁判所が「破産手続開始決定」をしたときだけに使用される言葉です。ここに至れば、法律的にも、各債権者は独自の取立行為などができなくなります。

2 自己破産申立てをすれば支払義務はなくなるのか

破産の申立てをしただけでは支払義務はなくならない

ケース　私はもともと買物が大好きで、ブランド物の服やアクセサリーには目がありません。ＯＬとしてそれほど収入が高いわけではありませんが、クレジットカードを利用して、かなりの買物をしてしまいました。気がつくと、何百万円もの負債を抱えている状態に陥っていました。

私の月々の給料と照らし合わせても、とても返済できる金額ではありません。破産すれば、もう債権者から支払いを請求されることもなくなる、と聞きました。裁判所に申し立てて自己破産すれば支払義務はなくなるのでしょうか。

アドバイス

まず、破産手続について、少し誤解があるようです。債務者の申立てを受けて、裁判所は「破産手続開始決定」をします。決定があると、債務者の支払不能状態が認められることにはなります。そして、債務者のプラスの財産とマイナスの負債をすべて整理することになります。

ただ、それだけで、債務者がその後も債権者からの追及を免れるわけではありません。債務者が裁判所に対して「免責の申立て」をして、それに対して裁判所が「免責の決定」をすれば、債務者はそれ以後支払いをする必要がなくなるのです。この免責の申立ては、最初の破産手続開始の申立てと同時にすることになります。

ただ、破産があなたのような浪費による場合やギャンブルといった自業自得によるものであれば、裁判所は免責の決定をしてくれないこともあります。もっとも、深く反省していれば、決定してくれるケースもあります。弁護士ともよく相談してみてください。

◆ 破産のしくみ

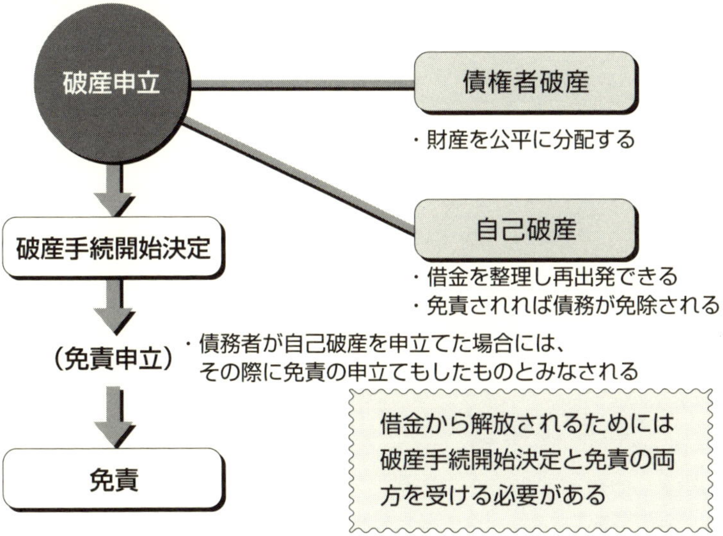
破産申立
債権者破産
・財産を公平に分配する
自己破産
・借金を整理し再出発できる
・免責されれば債務が免除される
破産手続開始決定
（免責申立）
・債務者が自己破産を申立てた場合には、
その際に免責の申立てもしたものとみなされる
借金から解放されるためには
破産手続開始決定と免責の両
方を受ける必要がある
免責

まめ知識　**ギャンブルなどの借金も免責されるのか**

破産法では、破産者がギャンブルや浪費によって著しく財産を減少したり、過大な負債を抱えてしまった場合は、免責不許可にあたるとされています。しかし、この規定を厳格に適用すると、免責によって経済的な立ち直りのチャンスを得られる破産者は、ほとんどいなくなってしまうでしょう。そこで、ギャンブルや浪費にあたるケースでも、免責不許可にするかどうかは、裁判所の裁量にゆだねられています。バーやクラブでの遊びや、パチンコなどの行為は「過大なる」債務を負担したことにはならないとして、免責を許可した例もあります。また、これらの行為が免責不許可事由に該当することを認めた上で、破産者の経済的な再出発を考慮して免責を許可したケースもあります。

3 債務額が小さくても自己破産できるか

収入が見込めず病気を患っているような事情があればできることもある

ケース 私は現在、いわゆるフリーターをしています。しかし、消費者金融の利息に悩まされて、いつしか借金が100万円を超えてしまいました。なかなか、よいアルバイトも見つからず、日々の暮らしにも困っているので、破産手続開始の申立てをしたいのですが、100万円程度の債務額で破産できるのでしょうか。

アドバイス

破産は、債務が多額に上ったために「支払不能」になってしまった債務者のやり直しを図る制度です。裁判所が介入して、プラスの財産とマイナスの債務をすべて計算して、財産があれば債権者に配当し、最終的には債務者の支払義務を免除します。ただ、破産制度は最終的な手段です。裁判所が、債務者にまだ支払能力があると判断すれば、破産できません。

問題は、どの程度の債務があれば、支払不能と判断されるかです。支払不能とは、その債務者がもてる支払能力のすべてを使っても、総債権者に対する債務の支払いができなくなった状態を意味します。支払不能にあたるかどうかは一概に決めることはできません。その債務者の置かれている状況と、債務総額の関係で個別に判断されます。たとえば、債務額が多額でも、将来にわたって安定した高収入が見込めれば、支払不能にはなりません。逆に、債務額が少なくても、収入が見込めず、病気を患っているとか、扶養家族がいる場合には、支払不能と判断される可能性が出てきます。成人男子であれば、債務総額が300万円を超えていると、支払不能と認められる可能性があります。ただ、債務額が100万円でも、生活保護受給者であれば自己破産が認められることもあるでしょう。

◆ 支払不能の判断基準

- □ 債務総額が月々の収入の20倍を超える
- □ 3年程度で返済するのが不可能
- □ 返済するには新たに高金利の債務を負担しなければならない
- □ 全財産を売却し返済に充てても返済できない
- □ 債権者との交渉で返済方法を緩和してもらっても返済できない

↓ 支払不能かどうかを
判定するのは裁判所

支払不能

ただし支払不能になるかどうかは
ケース・バイ・ケースで判定される

まめ知識　外国人は自己破産できるのか

外国人の自己破産については平成12年の「破産法」改正により、日本人と同様に手続をすることができるようになりました。

この場合、問題になるのが債権者が外国にいる場合や、申立人の財産が外国にある場合の扱いです。まず、破産手続の開始にあたっては、債務者は債権者全員について届出をしますが、その債権者の中には外国の債権者も含まれます。つまり、外国の債権者も手続に参加して配当を受ける権利を得ることになるのです。また、外国に財産がある場合、日本で行われた破産の効力は外国にある債務者の財産にも及びます。外国にある不動産・動産・預貯金・売掛債権といった財産についても、競売などによって換価され、債権者に配当されることになるわけです。したがって、もれなく届け出をすることが必要になります。

4 破産手続開始決定は破産者にどんな影響を与えるのか

デメリットは思ったほど多くはない

ケース 個人経営の事業がうまくいかないので、多重債務となっています。ヤミ金からも借り入れているので、恐ろしい取立てが続いています。自分で裁判所に破産を申し立てようと思いますが、どのようなメリット・デメリットがあるのでしょうか。

アドバイス

破産というと、かなり暗いイメージがあります。しかし、破産手続は裁判所という国家機関の管理下で債権者に公平な配当をして、なおかつ、債務者の経済的更生を図るという合理的な制度です。以下、破産のメリットとデメリットを見ていきましょう。

①　メリット

裁判所が破産手続開始の決定をすれば、債権者は直接債務者に対して取立てができなくなります。ヤミ金は債権の届出すらできなくなります。そして、免責決定されると、債務者はそれまでの債務を支払う義務がなくなります。

②　デメリット

まず、破産手続開始の決定後は、債務者は自分の財産といえども自由に処分することができなくなります。しかも、裁判所の許可なく住所を変更できず、郵便物も破産管財人を経由して届けられます。

破産手続が終了し、確定するまでは、弁護士・公認会計士といった一定の社会的責任のある地位には就けなくなります。会社の取締役については、会社法制定前は資格制限がされていましたが、会社法では、破産した取締役を再度取締役として選任するかどうかを株主総会の判断に委ねています。ただ、官報に記載はされますが、戸籍に記録されて一生ついて回るようなことはありません。選挙権・被選挙権も一切制限されることはありません。

事実上のデメリットとして、最長10年ほど金融機関のブラックリストに載り、融資を受けることが難しくなることが挙げられます。

◆ 破産による資格制限

●資格を喪失するおもな職種

弁護士　公認会計士　税理士　弁理士　公証人　司法書士　社会保険労務士　不動産鑑定士　人事院人事官　検察審査員　土地家屋調査士　宅地建物取引業者　公正取引委員会の委員長および委員　商品取引所会員・役員　証券取引外務員　生命保険募集員および損害保険代理店　警備業者および警備員　国家公安委員会委員　質屋　風俗営業者および風俗営業所の管理者　教育委員会委員　日本中央競馬会の役員

●民法上の制限

後見人、後見監督人、保佐人、遺言執行者になれない

まめ知識　自己破産することを家族に知られたくないが

自己破産の申立てをすると、裁判所からの通知などは原則として本人の住所に送付されるので、同居している家族に隠しておくことは難しいでしょう。また、破産手続開始の申立てをするときには、債務者の債務状況以外に、家族構成や生活状況、家族の収支状況についても報告しなければなりませんし、持ち家の所有者が破産申立人であれば、家が競売にかけられることも十分にあり得ます。家族が連帯保証人になっていれば、債権者は連帯保証人に対して取立を開始します。さらに、破産後に免責されても、金融機関のブラックリストに載るなど、社会生活上の不利益はついて回ります。このような事情を考えると、家族とは事前に十分話し合い、理解と協力を得られるようにしておくべきでしょう。

5 夫が破産すると妻の財産はどうなるのか

妻固有の財産については破産の効力は及ばない

ケース 私は結婚して10年になります。これまで個人で室内装飾の事業を行ってきました。しかし、不況のあおりを受けて、この2、3年は赤字続きなので自己破産の申立てをして、一から出直そうと思います。

ただ、妻は専業主婦ですが、結婚前からの財産を所有し、その後もある程度の貯蓄をしています。私が破産したら、妻名義の財産はどうなるのでしょうか。

アドバイス

まず、夫と妻の財産関係については、民法では基本的に「夫婦別産制」を採用しています。つまり、

① 結婚前から所有している財産は、結婚した後でも、それぞれの固有の財産となります。

② 結婚中に、夫婦がそれぞれ自分の名義で得た財産は、固有の財産として扱われます。

③ 日常生活で使われている家財道具などの財産については、夫婦いずれの名義か不明確な場合には、共有財産と推定されます。

以上からすると、第一に、あなたの奥さんが結婚前から所有していた財産は、奥さん固有の財産なので、破産の効力は及びません。

第二に、結婚後に形成されて奥さんの名義になっている貯蓄についてはなかなか難しい問題があります。たとえ、妻名義の貯蓄や有価証券などがあっても、実際には夫が得た収入を相続・税金対策などの理由から、単に妻の名義としていることがよくあるからです。そのような場合、実体を重視して夫の財産として扱い、破産の効力を及ぼします。ただ、妻が専業主婦であっても、家事や育児の点で財産の形成に貢献しているのですから、その分はやはり妻固有の財

産として扱う必要があります。専業主婦名義の貯蓄については、その財産形成に対して、妻がどの程度貢献したかを見て、破産財団に組み込まれる割合が決定されることになります。

また、連帯保証人になっていない限り、妻が夫の債務（借り入れ）を返済する必要はありません。仮に、あなたが奥さんの実印と印鑑証明を奥さんに無断で使って、奥さんを連帯保証人にしていたとしても、そのような契約は法律的には無効です。

法律上は奥さんがあなたの借金を返済する必要はありませんが、相手によっては簡単には引き下がらないでしょう。このような事態に備えて弁護士に相談しておくことをおすすめします。

◆ 支払義務の有無が問題となる場合

本　人	原則として支払義務がある。ただ、債務が時効にかかっている場合には、支払義務はない
（連帯）保証人	原則として支払義務がある。ただ、債務が時効にかかっている場合には、支払義務はない
配偶者	原則として支払義務なし。ただ、保証や相続した場合（相続放棄は別）は支払義務あり
親・兄弟	原則として支払義務なし。ただ、保証や相続した場合（相続放棄は別）支払義務あり
子　供	原則として支払義務なし。ただ、保証や相続した場合（相続放棄は別）は支払義務あり。未成年者が親の同意を得ないでした借金は取り消せる

6 借主が破産したら保証人は債権者に何が言えるのか

保証人の債務は消滅しない。抗弁権も無意味である

ケース 私は、友人AさんがB消費者金融から借金をする際に、連帯保証人ほど責任が重くはない保証人となりました。ところが、Aさんは多数の消費者金融から借金を重ねていたため、破産手続開始の決定を受けてしまいました。その直後から、B消費者金融から保証債務の履行を請求されているのですが、Aさんが破産手続開始決定を受けた以上、保証債務は消滅すると思うのですが。

アドバイス

Aさんのように、直接金融機関などから借金をしている者を「主たる債務者」といいます。

これに対して、あなたのように主たる債務者の債務を保証する契約を債権者とした者を「保証人」といいます。

保証人のなかでも、主たる債務者と連帯して債務を負っている者を「連帯保証人」といいます。

債権者が債務者に貸出しをするときに、保証人・連帯保証人をつけることを求めるのは、債務者が支払不能になったときや行方不明になったときに備えてのことです。

そのような場合に、債権の回収を確実にするために、保証する者の財産を担保とするわけです。

このような保証人・連帯保証人の役割からすれば、主たる債務者が破産したときなどは、それこそ保証人・連帯保証人に対して、主たる債務者に代わる返済を債権者は請求したいところです。

たとえば、今回のケースで、仮に保証契約がなかったとすると、B消費者金融は他の債権者と平等に、破産手続きの中でAさんの残余財産から貸金の弁済を受けることになりますが、Aさんのように、多数の消費者金融から借金を重ね

ていた場合は、債権者も多数となり配当金額も低額なものとなることが予想できます。

こうしたリスクを避けるためにＢ消費者金融はわざわざあなたとの間で保証契約を締結したのです。

Ａさんが破産手続開始決定を受けた場合は、仮にまだ借金の返済時期でなかったとしても、法律上返済期限の利益（返済期限が到来するまでは債務を弁済しなくてよいという債務者側の利益のこと）を喪失するとされるので、Ｂ消費者金融は直ちにあなたに保証債務の履行を請求することができるようになります。

この場合、通常であれば保証人であるあなたは「まず主債務者Ｂさんに請求せよ」との催告の抗弁権をもっているのですが、主債務者が破産した場合は無意味なので、このような抗弁（主張）は認められません。

また、主たる債務者が破産して免責されたとしても、保証人・連帯保証人まで免責されることはありません。

保証人となる場合には、資産だけでなく負債についても充分に確認する必要があるでしょう。

◆ 連帯保証とは

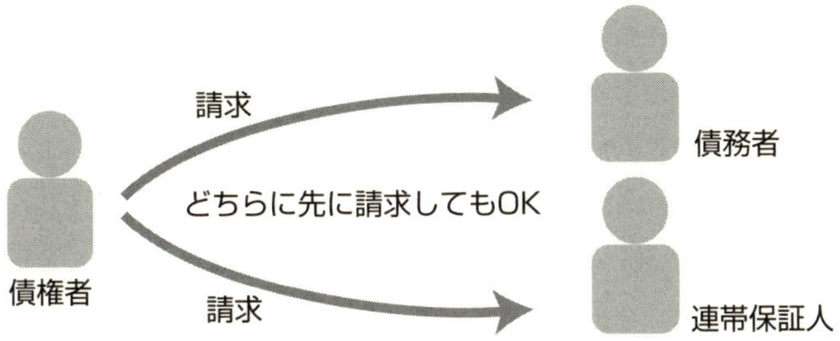

＊保証人と連帯保証人の違い
保証人には、**催告の抗弁権**（債権者が保証人に請求してきた場合に、まず債務者に請求するように主張できる保証人の権利）と、**検索の抗弁権**（債権者が主債務者に請求した後であっても、まず主たる債務者の財産に執行せよということができる保証人の権利）が認められているが、連帯保証人にはこれらの権利は認められていない

7 会社に破産手続開始の申立てをしたことを知られたくないが

会社や上司・同僚から借金をしている場合には隠せない

ケース 私は、一部上場企業に勤めている会社員です。父親が事業をしているため、その借入債務について連帯保証をしていました。ところが、先日、父親の会社が倒産しました。そのため、連帯保証人であった私は、膨大な債務をすぐに請求される立場となってしまいました。

とても返済できる金額ではないので、やむをえず破産の申立てをしようかと考えています。ただ、会社に知られるとその後の昇進などの点で不利益となるのではないかと考えています。やはり、会社には知られてしまうのでしょうか。

アドバイス

破産はさほど非難されるような事件ではありません。それでも、社会的立場やプライバシーの点から、あまり知られたくはないものです。会社に破産の件が知られる原因としては、官報に記載されることと、債権者の差押や取立てが考えられます。

まず、破産手続開始が決定されると、そのことが官報に記載されます。官報に記載されるということは、建前上は世間一般がその事実を知ることを意味しています。しかし、実際のところ、通常の会社や民間人が官報の記事をすべてチェックしていることはまれです。ですから、官報への記載によって、会社に破産の事実を知られることはまずないでしょう。

次に、債権者が会社の給料を差し押さえたり、会社まで取り立てに行くと、会社が破産の事実を知ることになります。ただ、破産法の改正によって、破産手続開始決定があると、債権者は差押・強制執行ができなくなりました。また、債権者が直接、債務者に取り立てをすることも禁止されています。
　会社に知られる可能性としては、会社や会社の上司・同僚から借金をしている場合です。彼らも債権者なので裁判所から通知が届きます。これを避けることはできません。

◆ 破産手続開始決定の事実が知られる可能性

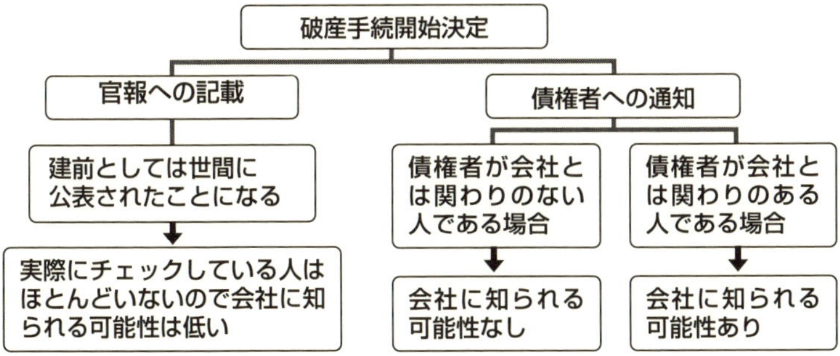

破産手続開始決定
官報への記載
債権者への通知
建前としては世間に公表されたことになる
実際にチェックしている人はほとんどいないので会社に知られる可能性は低い
債権者が会社とは関わりのない人である場合
債権者が会社とは関わりのある人である場合
会社に知られる可能性なし
会社に知られる可能性あり

まめ知識　**自己破産すると、会社を辞めなければならないか**

　法律上、破産手続が開始すれば、会社を辞めなければならないとの規定はありません。一般の会社員は労働力を提供できれば、雇用契約上の義務は果たせるからです。なお、会社によっては、就業規則で破産を解雇事由としているところもあるかもしれません。しかし、破産と労働力の提供は関係のないことなので、その規定は無効です。解雇は不当解雇になります。
　一方、一般の従業員とは異なり、取締役は会社との関係で受任者にあたりますから、破産するといったん民法上取締役の地位を失います（民法653条）。
　ただ、破産したからといって絶対に取締役になれないというわけではなく、解任後の株主総会により再度取締役に選任された場合には、取締役に就任することができます。

8 破産すると生命保険や学資保険も解約する必要があるのか

解約返戻金が多いと管財の対象になる

ケース 私の家族は、妻と子供２人です。子供たちの将来のことを心配して、私自身には生命保険を掛け、また、子供の進学に備えて学資保険も掛けています。

ところが、事業をしていた私が不渡手形をつかまされて、多額の負債を抱えてしまいました。とても返済できる金額ではないので、自己破産を考えています。ただ、破産すると、掛け金を支払ってきた生命保険や学資保険がどうなるのか心配です。

アドバイス

債務者が破産すると、その所有財産は現金に換価されて、債権者に配当されます。換価される財産の代表例は、土地や建物といった不動産です。しかし、生命保険をはじめとする保険についても、処分の対象となる可能性はあります。

保険を解約すると、ある程度の「解約返戻金」を受けることがあります。解約返戻金も財産であることに変わりはありません。ですから、管財人の手によって破産財団に組み入れられて、債権者に配当されることになります。ただ、あまりに解約返戻金が少額な場合や掛け捨て保険の場合には、管財の対象とはならずに、そのまま解約しなくてもすむことがあります。

なお、破産者が高齢であったり、持病を患っているなど特別なケースでは、管財人と交渉して保険を解約しなくてもすむことがあります。その場合、解約返戻金相当の金額を破産決定後に破産財団に支払っていくことになります。

次に、学資保険ですが、名義人は子供になっていることが多いでしょう。だからといって子供の財産として扱われて、管財の対象とならないわけではありません。実際に、破産者である親が掛け金を支払っていたなら、その保険は親の財産として扱われることになっています。この場合も、解約返戻金が多ければ、破産財団に組み入れられます。

◆ 破産手続と保険の解約

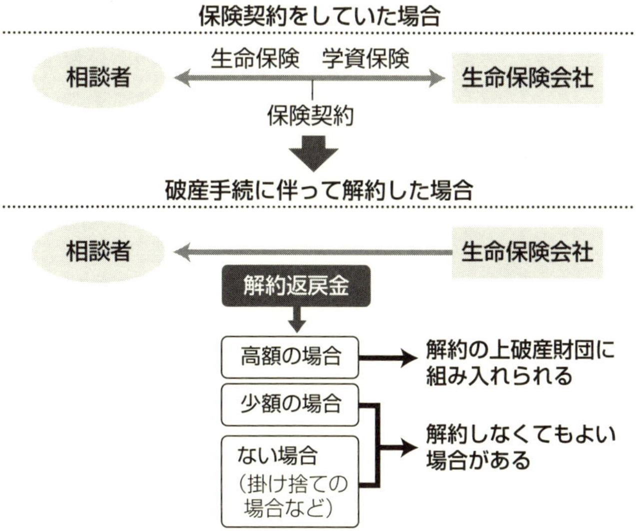

まめ知識　生命保険や個人年金保険は解約しなければならないのか

破産者が個人年金保険や生命保険に加入していた場合、個人年金保険については、解約返戻金が他の保険と合計して20万円を超える場合、差押えの対象になります。生命保険についても同様ですが、簡易生命保険については平成3年4月1日以後のものかどうかで扱いが変わります。平成3年3月31日以前に効力が生じている簡易生命保険については、基本契約にかかる満期保険金や還付金については差押えの対象にはなりません。

9 自己破産すると手元にお金を残せないのか

個々のケースで異なるが原則として預金は管財の対象になりうる

ケース 長年続けてきた事業に失敗したので、自己破産しようと思っています。不動産のような目ぼしい財産はあまりありませんが、銀行や郵便局にいくつかの預金口座があります。特に、事業のメインバンクとなっていた都市銀行にはそこそこの預金があります。自己破産すると、これらの預金はどうなるのでしょうか。

また、子供の将来のために積み立ててきた子供名義の預金はどうなるのでしょうか。

アドバイス

まず、破産手続開始の申立てがあると、その後の手続は大きく2つに分けられます。それなりの財産があると、それを換価して債権者に公平に配当しなければならないので、裁判所が選任する破産管財人が財産を管理・処分します。これを「破産管財事件」といいます。また、財産らしいものがないと管財人の選任もなく、そのまま免責の手続に入ります。これを「同時廃止事件」といいます。同時廃止事件では、預金はそのままです。しかし、破産管財事件では預金は現金化されて、債権者に配当されます。もし、預金口座のある金融機関が債権者の中にいる場合には、そのまま債務と預金債権が相殺されることになります。いずれにしても、債務者（破産者）の手元には残りません。

子供名義の預金ですが、破産者以外の名義の預金は、原則として、管財の対象にはなりません。ただ、実際に預金していたのが債務者であれば、管財の対象となります。

原則はこのとおりですが、債務者の手元に一切の現金も残さないのでは、その後の生活が成り立ちません。そのため、当座の生活資金として、いくばくかの現金を債務者の手元に残すことが認められています。これを「自由財産」といいます。これまで自由財産は21万円とされていましたが、現在では99万円にまで引き上げられました。

◆ 同時廃止になるか管財事件になるか

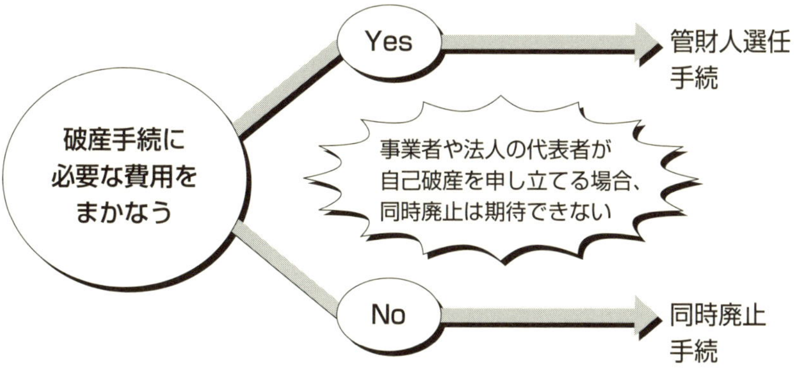
破産手続に
必要な費用を
まかなう
Yes
管財人選任
手続
事業者や法人の代表者が
自己破産を申し立てる場合、
同時廃止は期待できない
No
同時廃止
手続

◆ 99万円までは自由財産

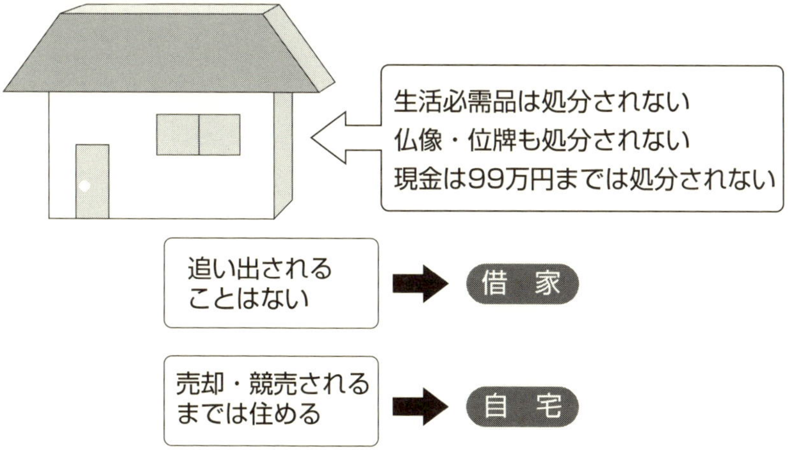
生活必需品は処分されない
仏像・位牌も処分されない
現金は99万円までは処分されない
追い出される
ことはない
借　家
売却・競売される
までは住める
自　宅

10 自己破産申立後も自動車は使えるのか

ローンの支払いが終わっているかどうかで結論が異なる

ケース 現在、多額の借金を負っています。とても返済できる額ではないので、家族と相談した結果、自己破産して一からやり直すことになりました。しかし、破産手続について調べてみると、破産者の持っている財産はすべて競売されて、債権者に配当されるといいます。また、その後、金融機関からの借入れもできなくなるとのことなので、その後の生活が不安です。カードが使える今のうちに当座の生活に必要なものを買いそろえておこうかと思いますが可能でしょうか。また、私の愛車はもう10年以上も乗り回していますが、処分されて換金されてしまう運命なのでしょうか。

アドバイス

確かに、破産手続が開始されると、債務者の財産は競売などによって換金されて、各債権者の債権額に従って配当されるのが原則です。また、金融機関のいわゆるブラックリストに載るため、数年間は正規の金融機関からは借入れをすることができなくなります。

しかし、だからといって破産手続開始の申立ての直前に新たな借金をすることは、返済できないことを承知で借金することになりますから、詐欺罪になります。破産手続が一切終了して免責も受けられれば、その後にあなたが得る収入は、あなたが自由に処分することができるものです。そこから先なら、あなたが頑張ってどれだけの財産を築いても、かつての債権者はその財産に手を出すことはできません。破産を考えると多大な不安を感じるとは思いますが、詐欺罪にあたるようなことをすると、免責も受けられないので絶対に行わないようにして下さい。

自動車については、ローンが組まれていることが多いとか、減価償却が比較的速く換価しにくいといった特殊性があります。そのため、扱いが異なってきます。

まず、債務者の保有する自動車のローンが、まだ残っているケースから考えます。自動車をローンで購入すると、通常は、自動車の所有権はローン会社に留保されます。そのため、破産手続開始が決定されると通常、ローン会社は契約約款に従って自動車を引き上げていきます。

次に、すでに自動車のローンを支払い終わっているケースを考えます。ローンが終了しているので、自動車の所有権は債務者にあります。そのため、破産管財人は自動車を処分して換価することができます。ただ、自動車がかなり乗り回されていて、処分しても大した価格にならないこともあります。そのような場合は、処分の対象とはされずに、債務者はそのまま自動車を保有することができます。

あなたのケースでは、10年以上も愛車を乗り回しているので、そのまま利用できる可能性があります。

◆ 破産財団の換価

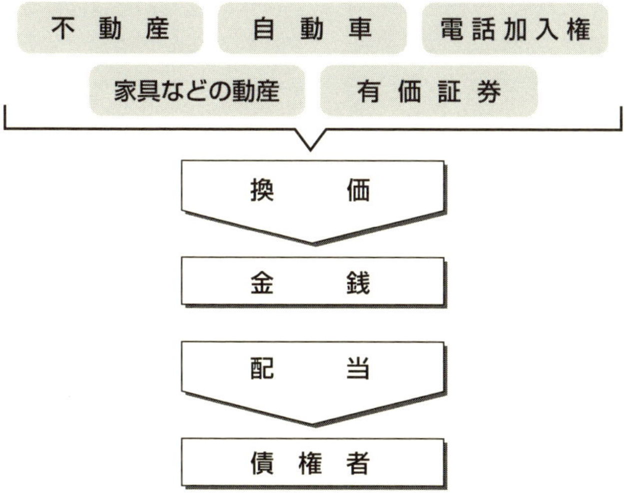

11 破産すると給料を差し押えられることもあるのか

破産手続開始決定後は差押できない

ケース 私は商社に勤めている会社員です。趣味にかかるお金のために一時的なつなぎとして消費者金融に手を出したのですが、会社の業績悪化からボーナスが一律カットされてしまいました。高利のため雪だるま式に債務額が増えて、とうとう返済のメドも立たなくなりました。この際思い切って、自己破産をしようと思っていますが、業者は私の勤務先も知っているので、給料を差し押えられるのではないかと心配しています。破産後の生活もあるのでどうしたらよいでしょうか。

アドバイス

自己破産をしようとする者にとって、一番心配なのは手続が終了した後の生活でしょう。破産手続では、債務者の目ぼしい財産はすべて換価されて債権者に配当されてしまいます。

一般に債権者は、債務者の支払いが滞ると、その財産を差し押えます。差押は、その財産を債務者が自由に処分することを禁止し、債権を満足させるための準備手続です。破産手続開始を申し立てる債務者の財産が、差し押さえられているというケースはよくあることです。

破産手続開始の決定があると、それまでの差押手続は停止し、新たな差押もできなくなります。そして、免責が決定すると、中止していた差押の効力は消滅します。

このように、破産手続開始の決定後に、債権者が債務者の給料の差押をすることはできません。ですから、この点は心配せずに申立ての準備を始めてください。債権者が会社に直接、取立てに行くこともできません。また、免責が決定された後に働いて得た給料債権については、それまでの債権者が差押をすることはできないので安心して下さい。

◆給与が差し押さえられる範囲

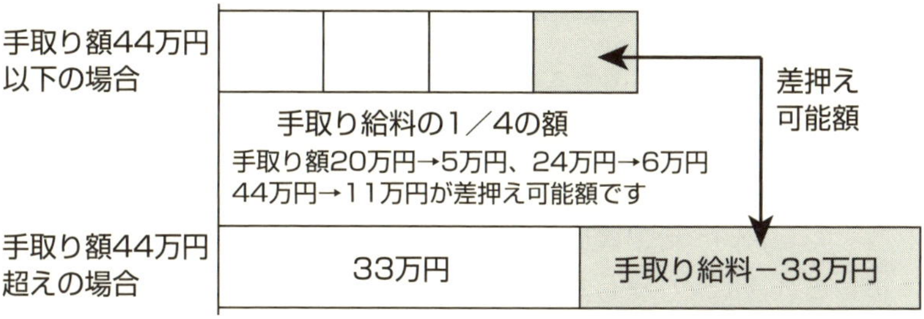

手取額とは給料から所得税・住民税・社会保険料などの法定控除額を差し引いた額のことです。
手取額が44万円を超える場合は、その手取額から一律33万円を差し引いた額を差し押さえることができます。つまり、33万円を債務者のもとに残せば、その残りはすべて差し押さえることができるのです。
なお、上図の33万円とは、標準的な世帯の必要生計費が勘案（考慮）されたもので、政令によって定められた額のことです。

まめ知識　倒産後の家族の財産はどうなるのか

会社の倒産と、経営者の財産や家族の財産とは、基本的には関係ありません。ただ、中小企業の場合、経営者は会社の債務について連帯保証していることが多いでしょうから、事業主の財産も差押えを受けるなどの影響を受けることは確かです。通常、生活必需品を除いた財産は換価処分の対象になりますが、いったん値がつけられたとしても債務者以外の家族や親戚などの身内の名前で買い戻して、それを借りるという形で使い続けることはできます。しかし、財産を失いたくないからといって、倒産間際になってあわてて親類や知人などに財産名義を移して財産を隠した上で破産手続開始決定を受けると、詐欺破産罪という犯罪になりますから注意が必要です。

12 自己破産すると退職金はどうなるのか

法律上4分の3は差押禁止財産である

ケース 私はある大手のメーカーに長年勤務してきました。おかげさまで、大過なく会社員生活を過ごし、この度、定年退職することとなりました。ところが、息子が経営している会社が倒産してしまい、その債務を連帯保証していた私は多額の債務を負担することになりました。とても返済できる金額ではないので、仕方なく自己破産の申立てをすることにしました。

ただ、長年勤務してきたおかげで、かなりの退職金が会社から出ます。破産したら退職金はどうなるのでしょうか。

アドバイス

破産手続の場合には、原則として債務者の退職金も破産財団に組み込まれて、債権者に配当されます。ただ、退職の時期や退職金がすでに支払われたかどうかによって、取扱いは異なってくるので注意が必要です。

まず、破産手続開始決定がなされたときに、まだ、退職していないケースが考えられます。日本では、退職金は賃金の後払い的な性質があります。そのため、退職前でも潜在的な退職金を見積もることはできます。そこで、破産手続開始決定のときに退職したと仮定して、そのときに見込まれる支給額の8分の1を原則として破産財団に組み込むこととしています。

次に、破産手続開始の決定がされたときに、すでに、退職しているケースです。退職していても、まだ、債務者が退職金を受け取っていない場合には、その金額の4分の1を破産財団に組み入れます。法律上、4分の3は差押禁止財産とされているからです。さらに、退職し、なおかつ、債務者が退職金を受け取っている場合には、退職金の全額を破産財団に組み入れなければなりません。すでに、債務者の一般財産を構成しているからです。

あなたの場合、まだ、退職もしていないので、かなりの退職金を確保できそうです。

◆ 自己破産と退職金

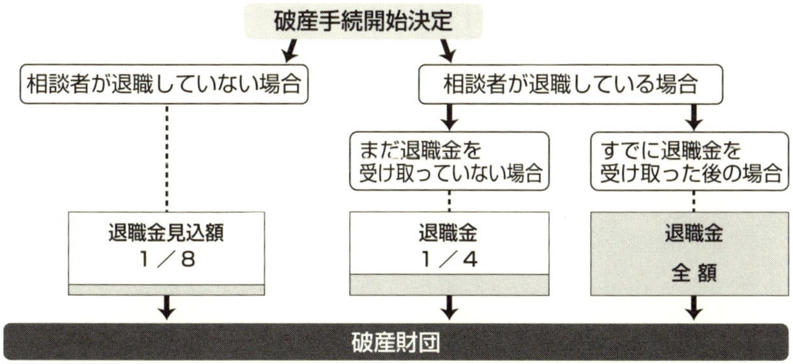

まめ知識　借金を返済したのに、強制執行されたらどうすればよいか

期限までに借金を返済すれば、債務は消滅するので、もはや強制執行を受ける理由はありません。

期限までに借金が返済されないなど、債務者が債務を履行しない場合には、債権者は裁判所に申し立てて強制執行により債務の内容を実現することになります。民事執行法では、強制執行に理由がない場合に備えて、異議を申し立てる制度も用意しています。債務者から強制執行に理由がないとして、申し立てる異議のことを「請求異議の訴え」といいます。ただ、この請求異議の訴えを提起しても、すぐに強制執行は止まりません。

強制執行を止めるためには手続として、強制執行停止の申立てをする必要があります。

13 破産の申立て前に世話になった友人に返済したいのだが

管財人から返還請求されるので手続終了後に返済したほうがよい

ケース 長年、建設会社を経営してきましたが、公共事業の削減の影響を受けて、経営難に陥ってしまいました。商工ローンの高利に、これ以上耐えることができずに、仕方なく自己破産の申立てをしようと考えています。

ただ、会社財産などに抵当権をもっている信用金庫や暴利を貪られた商工ローンには、特に後ろめたさは感じていないのですが、資金を貸してくれている友人には、どうにもすまない気持ちです。そこで、手元にある現金で破産手続開始の申立ての前に、その友人に返済しようかと思っていますが可能でしょうか。

アドバイス

破産手続開始の申立てがあると、債務者の財産は凍結されます。つまり、各債権者による抜け駆け的な取立ては許されなくなり、債務者は自分の財産でも自由に処分することはできなくなります。裁判所が選任する「破産管財人」の管理下に置かれて、債務者が第三者に対してもっている債権を回収したり、財産を競売して現金に換価したりします。そうして現金化された財産を、各債権者の債権額に比例して公平に分配するのです。

もっとも、もともと不動産などに抵当権といった優先的な担保権をもっている債権者は、その分については優先的に返済を受けることができます。

破産の直前期に、特定の債権者に対して優先的に債務者が独断で返済することは禁じられています。もし、それをしても、破産管財人はその返済された財産について、返還請求することができます。また、債務者は免責を受けられなくなります。したがって、あなたの場合、友人には、手続がすべて終了してから償いましょう。

◆ 一部の債権者に返済する場合の注意点

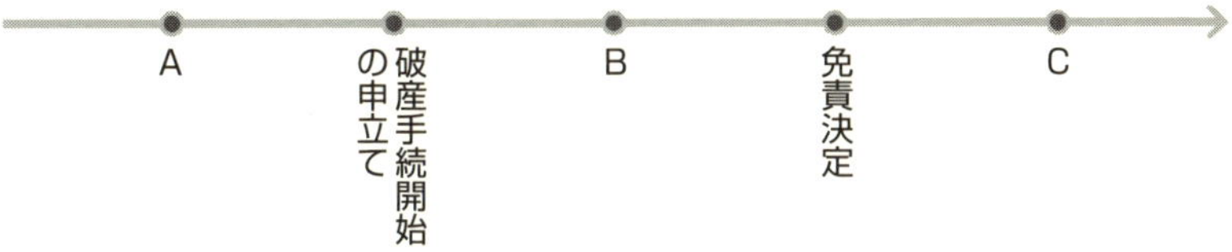

A 友人に返済	→	破産管財人は友人に返還請求できる
B 相談者の財産が凍結される	→	友人に返済できない
C 友人に返済	→	免責後に築いた財産は自由に処分できるので可能

まめ知識 信頼できる専門家であるかを見極めるには

過払金請求などの増加によって、最近、弁護士や認定司法書士との間で、債務者（依頼者）の意向を確認せずに処理をする、返還された過払金を報告しないなどのトラブルが増えています。これを受けて、日弁連なども、債務整理を請け負う弁護士が行うべき内容を記した指針を作成しています。指針には、債務者と直接面談し、債務内容や生活状況を聞いて現状を把握した上で事件処理の見通しを説明すること、処理の進行状況を債務者に適宜報告することなどが盛り込まれています。いずれも、当然行われていなければならない内容です。

依頼先の事務所が過払金返還請求だけを処理し、ヤミ金融対策、個人再生、破産など、債務整理全般に対応してくれないようなら要注意といえます。また、費用についても事前に具体的な金額を確認するようにして見極めるようにしましょう。

14 免責確定後に一部の債権者が支払請求をしてきたのだが

債権者の方から返済を請求することは許されない

ケース 私は小さな工場を経営していましたが、銀行の貸し渋りにあい、悪質な商工ローンから融資を受けました。しかし、暴利を貪られて、結局は自己破産に追いやられました。

その後、友人などから支援を受けて、再起することができました。そこそこの財産もできました。ところが、どこかで私に関する風評を聞いたらしく、あの時借り入れをした商工ローンが数社、私のところへやってきたり、電話をかけてきて、「あの時は踏み倒されてえらく迷惑した。今なら返せるはずだから、元金だけでも返せ」としつこく請求してくるようになりました。

免責後でも、儲かったら返済すべきなのでしょうか。

アドバイス

免責の決定を受けた後は、それまでの債権者に債務を返済すべき義務はありません。免責という制度は、破産状態にあった債務者を債務の負担から解放して、経済的な更生を可能とするために設けられている制度だからです。

確かに、免責の決定があった後、それまでの債務がどうなるのかについては論争があります。伝統的な考え方によると、債務は残りますが、それを支払う責任がなくなる、とされています。この考え方によると、債務は残っている以上、それを債務者が返済してもかまわないことになります。実際、債務者が支払っても、法的には問題はありません。しかし、それは債務者が「任意に」支払った場合です。債権者の方から、返済を請求することは許されないのです。

請求している商工ローンはかなり悪質なようですが、毅然とした態度をとるべきです。はっきりと返済の意思がないことを表示して、内容証明郵便を送付しておくとよいでしょう。うっかり１社に支払うと、他社も押しかけてくる可能性があります。

書式　免責決定を受けた者から貸金業者に対する取立行為停止の請求書（内容証明郵便）

請求書

私は、貴社と金銭消費貸借契約を結んでいた者ですが、その後平成○○年○月○日に○○地方裁判所に破産手続開始の申立と免責許可の申立を行い、同年○月○日に免責決定を受けました。

したがって、現在の私が破産債権につきその責任を免れていることは、破産法第253条の規定にあるとおりです。

ところが、貴社の債権回収の担当者は、「今なら返せるはずだから元金だけでも返せ」と主張して、連日しつこく支払を迫って参ります。しかし、免責決定を受けた現在の私にはそのような責任はなく、また支払う意思もありません。

つきましては、本書面到達後、直ちに根拠のない取立行為を停止するよう、請求致します。

平成○○年○月○日

東京都○○区○○○1丁目2番3号

○○○○　印

東京都○○区○○○1丁目1番1号

株式会社○○

代表取締役　○○○○殿

まめ知識　債権者も破産の申立てができるのか

破産は、債務者が申立てをするケースがほとんどです。ただ、中には自力による立ち直りが難しいと思われる債務者が申立てをしなかったり、債務者が資産を隠していると思われるケースもあります。このような場合、債権者側から破産手続開始を申し立てることができます。この場合、債務者は裁判所に呼び出されて事情を聞かれます。したがって債務者が知らないうちに破産手続開始決定が出されることはありません。

15 不注意による交通事故の賠償債務や離婚の慰謝料は自己破産で免責されるのか

故意や重大な過失による損害賠償債務は免責されないので注意する

ケース 私は妻に不倫がばれて離婚を迫られています。妻は離婚をしたら慰謝料を請求すると言っています。そんな折、仕事でタクシーを運転していたところ、交通事故を起こしてしまいました。相手は歩行者で、私がうっかりとわき見をしたために、重傷を負わせてしまいました。示談は成立しましたが私にとってはかなりの負債となりました。その後、消費者金融から借入れをしたところ、多額の負債となったので、自己破産する決意をしました。もし自己破産をした後に離婚した場合、妻に払う慰謝料や交通事故の損害賠償債務は免責の対象となるのでしょうか。

アドバイス

破産制度は裁判所の管理のもと、債務者の財産を整理し、債務者の再起を図ることを目的としています。破産手続開始の決定後に、さらに免責の決定があれば、債務者は債務から解放されるわけです。

ここでいう債務は借金に限られず、交通事故などの不法行為（故意または重大な過失による不法行為は除きます）に基づく損害賠償債務や慰謝料債務も含まれます。かりに決定の時点で、過失相殺（債権者の過失も考慮して賠償額を減額すること）の有無や金額などについて争いがあったとしても、免責されるのが原則です。

ただ、何種類かの債務については例外的に免責の対象とはされていません。政策的な目的から税金や社会保険については滞納があっても免責されないのがその一例です。それと同じように、損害賠償債務についても、例外的に免責の対象とされない場合があります。

まず、破産法では、「破産者が悪意で加えた不法行為に基づく損害賠償債務」は、免責されないと規定しています。「悪意」というのは後述する「故意・重過失」と同じ意味です。次に、「破産者が故意又は重大な過失により加えた人の生命または身体を害する不法行為に基づく損害賠償債務」も、免責の対象となりません。「故意」とはわざと、「重大な過失」とは、ちょっとした注意をすれば避けられた場合を意味します。たとえば、飲酒運転で人を轢いてしまった場合がこれにあたります。こうした場合に免責させてしまうと被害者にとってあまりに酷なため、例外とされているのです。

あなたの場合、重過失というほどではないので、原則どおり免責になる可能性が高いといえます。

ただし、破産手続にともない免責の対象となる債務は、「破産手続開始の決定」の時より以前に発生した債務です。したがって、破産手続開始決定以前に生じていた交通事故による損害賠償債務については、原則として免責されますが、破産手続開始決定以後に生じた慰謝料については免責されません。

◆ 免責される債務とされない債務

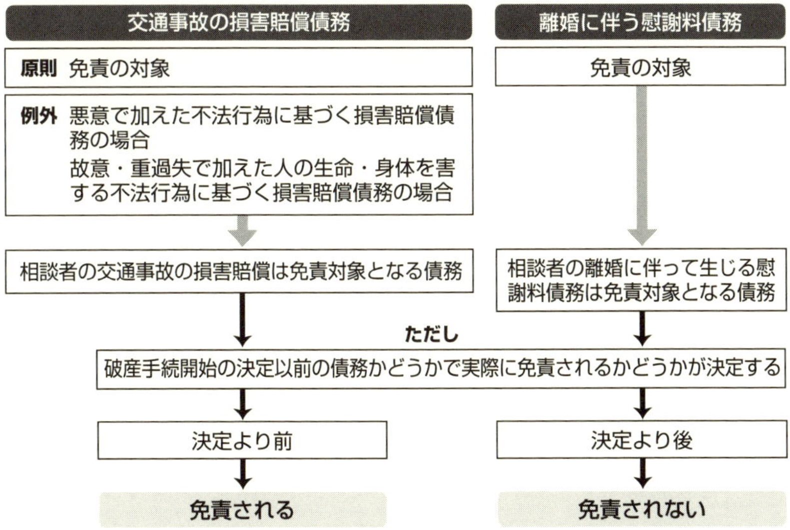

交通事故の損害賠償債務
離婚に伴う慰謝料債務
原則 免責の対象
免責の対象
例外 悪意で加えた不法行為に基づく損害賠償債務の場合
故意・重過失で加えた人の生命・身体を害する不法行為に基づく損害賠償債務の場合
相談者の交通事故の損害賠償は免責対象となる債務
相談者の離婚に伴って生じる慰謝料債務は免責対象となる債務
ただし
破産手続開始の決定以前の債務かどうかで実際に免責されるかどうかが決定する
決定より前
決定より後
免責される
免責されない

16 自己破産すると養育費の支払義務はどうなるのか

子供の養育費の支払義務は免責されない

ケース 私は１年ほど前に離婚しました。子供が１人いたのですが、別れた妻が親権者となって引き取っています。ただ、妻は専業主婦だったので、当面の生活費を私が月々支払うことになっています。また、子供が成人するまでの間、私が月々の養育費を送金する約束もしています。

ところが、個人経営していたレストランが多額の負債を抱え、これ以上周囲に迷惑はかけられないので、破産手続開始の申立てをすることにしました。その場合、離婚した妻や子供に対して負っていた債務はどうなるのでしょうか。

アドバイス

破産して、さらに、裁判所から免責の決定が下されれば、それまで背負っていた債務から解放されることになるのが原則です。しかし、破産法では、政策的な理由から免責されない債務をいくつか定めています。そのなかで、親族間の扶養義務に基づく債務も免責の例外とされています。

まず、破産者が夫婦・親子・兄弟姉妹といった関係に基づいて負担すべき義務については、免責されません。いくら破産して免責された後でも、親族の関係まで否定されるわけではありません。また、子供の扶養義務まで免責してしまうのでは、子供の成長・福祉のためによくないからです。あなたの場合も、子供の養育費は送金し続けることになります。

さらに、破産法では、扶養義務そのものではなくてもそれに近い義務で契約によって発生した義務についても、破産者は免責されないとしています。離婚した夫婦間での生活費負担義務はこれにあたる可能性があります。したがって、免責の決定があっても元夫は支払いを続けなければならないことになります。ただ、この判断はケース・バイ・ケースとなるでしょう。よく弁護士や破産管財人と相談してみてください。

◆ 免責決定後も免責されない債権

□租税などの請求権
□破産者が故意（わざと）または重過失（重大な不注意）によって人の生命・身体を侵害した場合の不法行為による損害賠償請求権
□養育費や扶養料など
□雇用関係に基づいて発生した使用人の請求権（給与など）や使用人の預り金返還請求権
□債権の存在を知っていながら破産者が故意に債権者名簿に記載しなかった請求権
（債権者が破産手続開始決定のあったことを知っていた場合は除く）
□罰金、科料などの請求権

まめ知識 自己破産すると借入れはできないのか

自己破産して免責を受けると、債権者だった金融機関が加盟している信用情報機関に、破産の事実が登録されることになります。これがいわゆる「ブラックリスト」と言われるもので、最長で10年間は掲載されます。金融機関が加盟している信用情報機関（クレジットカードの利用状況や借金の状況を調査・収集する機関）は、銀行系、消費者金融系、信販会社系など機関の種類によっていくつかありますが、情報は共有されています。金融機関は融資の審査をする際に、必ずその登録の有無・内容を確認しますから、破産の事実が登録されていると融資を受けるのは難しくなります。

17 クレジットで購入した車を売ったら免責を受けられないのか

勝手に商品を売却すると免責を受けられなくなることもある

ケース 私は自動車が好きで、いろいろな車種に乗りたいため、よく買替えをします。しかし、6か月ほど前に会社を解雇されてから、生活に困るようになり消費者金融で借金をするようになりました。高い利息に苦しめられているので、クレジットローンで購入した自動車を友人に売って現金を手に入れようと思っています。自己破産も考えていますが、ローンで買った自動車を売却しても、免責は受けられるのでしょうか。

アドバイス

クレジットローンで商品を購入すると、その代金はクレジット会社から売主に対して一括して支払われます。そして、支払った代金については、クレジット会社が立替手数料を含めて分割で買主に請求します。商品の所有権は誰にあるのかというと、クレジット会社にあるのが原則です。ローンを完済した時点で、買主に所有権が移転することになるのです。

このように、売買が成立しても、ローンが完済するまで所有権は移転しない売買を「所有権留保売買」といいます。ローンを組んでも途中で買主が支払不能になる可能性があるので、所有権は留保しておくのです。特に、自動車のローンでは、車検証に使用者が買主で所有者はクレジット会社、などと記載されていることがよくあります。

クレジットローンのこのようなしくみから、もし、買主が分割払いを怠ったり、破産手続が始まるようなことがあったら、所有権に基づいて自動車などの商品を引き上げることになります。それによって、ローンの債権を確保するのです。そこで、買主が勝手に商品を売却したりすることは、契約違反となる危険性が多分にあります。免責を受けられなくなるおそれもあるので、注意してください。

◆ 主な免責不許可事由

①申立人が債権者の利益を直接害した場合

破産者が財産を隠したり、その財産的価値を減少させたような場合や、返済不可能状態であるにもかかわらず、その状態でないかのように債権者を信用させて、さらに金銭を借り入れたような場合など

②手続きの円滑な進行を妨げたり、間接的に債権者の利益を害した場合、説明義務を尽くさなかったような場合

ウソの事実を記載した債権者一覧表を裁判所に提出したり、財産状態を偽って陳述したような場合など

③特定の債権者に特別の利益を与えるために担保を提供したり、弁済期前に弁済した場合

④浪費・ギャンブルなどによって著しく財産を減少させ、または過大な債務を負担した場合

⑤免責の申立の前7年以内に、免責を得ていた場合

⑥その他破産法で定める義務に違反したこと

※免責不許可事由があっても、裁判官の裁量により免責決定がなされる場合もあります

まめ知識 一度破産した者が再び破産した場合、免責されるか

破産法は、以前に免責の決定を受けてから７年を経過すれば、再度の免責を受けられるとしています。したがって、一度破産した人が再び破産しても、以前の免責から７年経過していれば、免責を受けられます。

さらに、７年以内に再度の免責の申立てがあっても、破産に至った諸般の事情を考慮した結果、認められる場合もあります。

18 自己破産すると税金や社会保険の滞納分はどうなるのか

滞納分の税金や社会保険については免責されない

ケース 私は高校卒業後、就職口に恵まれなかったため、ずっとフリーターをしてきました。なかなか定収入がないため、どうしても税金や健康保険を滞納しがちでした。

昨年体調を崩してからは生活が苦しくなり、何社かの消費者金融から借金をしました。かなりの高利のために、気がついたらかなりの多重債務を抱えていました。仕方がないので、自己破産の申請をしようと考えています。破産をすると債務の支払いを免れるそうですが、滞納している税金や健康保険も支払いを免れるのでしょうか。

アドバイス

破産手続開始の申立てをすれば、債務者の財産の整理が始まります。そして、破産の決定がなされると、免責について裁判所が審理をします。免責の決定が下されれば、原則として、債務者は債務の支払義務を免れます。これによって、債務者の経済的な更生が可能になるのです。

ただ、免責の決定があれば、すべての債務を免れるわけではありません。国の政策として、たとえ破産して免責されても、国民の義務として支払うべき債務は支払わなければならないとして、例外が設けられています。国や地方公共団体の税金がそれにあたります。納税の義務は国民の義務として、憲法でも規定されています。そのため、破産法でも、税金については免責の対象から外されているのです。

あなたのケースでは、税金を滞納しているようですが、免責が決定された後でも、滞納分の税金は債務として残ることになります。

また、健康保険についても、税

金と同様に、免責の例外とされています。保険制度は国民がそれぞれ資金を出し合って支えるものです。そのため、たとえ破産し免責されても、債務を免れることはできないのです。

◆ 租税債権の扱い

所得税・法人税
固定資産税・事業税
など
→ 財団債権となる
→ 国や地方自治体は破産手続によることなく徴収することができる

（所得税・法人税など）破産手続開始当時、納期限が到来していないもの、
原則として、納期限から１年を経過していないもの

まめ知識　破産すると、アパートから追い出されてしまうのか

借主が破産すると、貸主は借主から賃料を確保することが難しくなります。そのため、従来は、借主が破産した場合には、法律上、貸主は借主に対して解約の申入れをすることが認められていました。

しかし、破産した借主の今後の更生を考えると、解約されてしまうというのは酷であるため、現在では、民法や破産法の改正により、借主が破産したことだけをもって、貸主は賃貸借契約を解除することができなくなりました。

したがって、借主の破産それ自体を理由として建物から追い出されることはありません。ただ、破産した結果、家賃を払えなくなり、数か月間家賃の支払を滞納してしまうと、貸主との信頼関係が破壊されたことを理由に契約を解除されてしまうことはあり得ます。

19 自己破産を申し立てたいと思っているが弁護士に依頼するための費用がない

民事法律扶助制度を利用すれば弁護士費用を立て替えてもらえる

ケース 自己破産の申立てを検討していますが、申し立てるための弁護士費用などが出せないので、正直、困っています。どうしたらよいのでしょうか。

アドバイス

弁護士に債務整理を依頼すると、どの手続きにせよそれなりの費用がかかります。一括での支払いが難しいとしても、費用の分割払いに応じる弁護士は少なくないと思われますので、依頼しようとする弁護士に聞いてみるとよいでしょう。弁護士費用を払うのが難しい場合には、民事法律扶助制度というものを利用する方法もあります。これは日本司法支援センター（法テラス、26ページ）の業務のひとつであり、資力の乏しい人が、弁護士や司法書士などの費用の立替を受けられる制度です。世帯ごとの月収や自分または配偶者が所有している財産が一定以下であれば、民事法律扶助を受けることができます。ただし、あくまでも「立替」ですので、後々、弁護士や司法書士の費用を分割払いで法テラスに返していかなければなりません。原則として毎月1万円を返済しなければなりませんが、多重債務事件で生活保護（52ページ）を受給している人については、毎月3,000円～5,000円程度の返済が認められる場合もあります。

なお、この制度を利用した場合の弁護士費用や司法書士費用については基準が定められており、一般的には、通常の弁護士費用や司法書士費用より低額であると考えられます。

また、収入や財産が一定以下の人は、この制度を利用して弁護士や司法書士に法律相談を受けることができます。この場合、相談料を後で返済する必要はありません。

PART 7

住宅ローン返済や生活保護など暮らしの法律問題

1 住宅ローンが支払えない場合にはどうしたらよいか

無理な返済は事態を悪化させるので避ける

ケース 半年前に失業してしまい、月々の住宅ローンの支払いに窮するようになりました。家を手放したくはないのですが、今までと同じように支払うことはできそうにありません。手持ちのクレジットカードでキャッシングをしようかとも思いますが、利息が高いので利用する勇気もありません。私はどうすればよいのでしょうか。

アドバイス

住宅は大きな買い物であり、日常の金銭感覚が鈍ってしまうことが多いものです。

ローンを組んで住宅を購入する際に、私たちは借入可能額、つまり「いくら借りられるか」を重視しがちです。借入可能額は申し込む人の年収などから算出しますが、実はこの額と実際に毎月返済することのできる額（返済可能額）との間には大きなギャップがあります。つまり借入可能額と返済可能額とはまったく別のものなのです。

本ケースのように、住宅ローンがどうしても払えない状況になると、何とかして住宅ローンを返そうと、その場しのぎで簡単に借りられる消費者金融やクレジット会社から借り入れをし、結果的に多重債務に陥るという人も少なくありません。

住宅ローンを返済できなくなれば、大事なマイホームを取り上げられるという恐怖感からこのような行為に走ってしまうのかもしれませんが、消費者金融などの金融機関は住宅ローンの５倍以上の金利がついていることもあり、かえって事態を悪化させることにもなりかねません。

相談者の場合も、手持ちのクレジットカードでキャッシングをするのは、思いとどまったほうがよいでしょう。

住宅ローンの返済が一度滞ったからといっていきなり家を競売にかけるような強硬姿勢に出る金融機関はありません。

ですから、まずは借り入れた先に返済ができなくなった事情を正直に告げ、今後についての話し合いをしてみてください。

● 今後の対策

その後の返済計画としては、次のような方法があります。

①リスケジュール

返済期間を延長して月々の返済額を減らしたり、一時的に利息だけの返済にするなどして、返済可能な状態にすることをいいます。すべての状況で金融機関がリスケジュール（返済計画の変更）を受け入れてくれるわけではありませんが、失業状態が一時的だったり、ローン期間がそれほど残っていない場合などには、許可してもらえる可能性があります。

②売却

どうしても返済のメドが立たない場合は、残念ですが担保となっている家を売却するのが現実的な方法です。

金融機関の同意を得て、任意売却をしたほうが高い金額で売れる可能性が高いのですが、通常は返済不能となった段階で家は金融機関の管理となり、競売にかけられることになります。売却価格よりローン残高のほうが多い場合は借金が残りますが、今までよりも少ない返済額ですむでしょう。

◆ 返済が困難になったとき

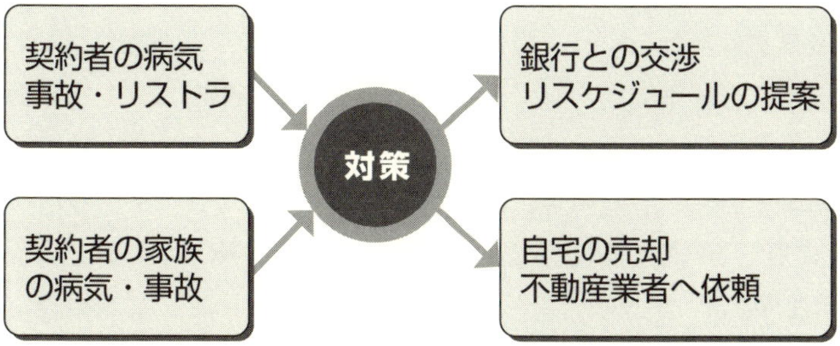

2 住宅ローンを組むと設定される抵当権とはどのようなものなのか

住宅ローンを支払えない場合に競売にかけられる可能性がある

ケース やっとマイホームを建てることができたのですが、その際、当然のように抵当権を設定する手続が行われました。抵当権を設定すると、どうなるのでしょうか。また、抵当権の権利者の欄に銀行ではなく保証会社の名前がありましたが、なぜ保証会社の名前があるのでしょうか。

アドバイス

住宅ローンを組んだ際、銀行と相談者の間では、民法587条に規定されている消費貸借の契約が締結されたことになります。

住宅ローンは金銭を貸借するものであるため、金銭消費貸借契約と呼ばれています。住宅ローンでは多くの場合、数百万円から数千万円という大金の貸付が行われます。このため、金融機関側は確実に返済を受けられるよう、担保をつけたり、連帯保証人を立てるといった対策をしています。購入する不動産を担保にする場合、民法369条に規定されている抵当権が設定されます。

抵当権とは、貸金などの債権を担保するために、債務者（または第三者）の土地や建物に設定される権利です。債務者が債務を返済しない場合には、抵当権者（＝債権者）は、抵当権設定者（＝債務者または第三者）の土地・建物を換価処分（＝競売）して、その売却代金から債権の回収を図ります。

つまり、相談者がローンを払えない場合には抵当権が設定されたマイホームが担保として取り上げられてしまうのです。マイホームといっても住宅ローンを完済するまでは自分のものであって自分のものでないようなものなのです。

この抵当権はローンを組むと設定されるもので、抵当権設定契約をもとに抵当権設定の登記がなされることになります。

● **保証会社が抵当権者となる理由**

お金を借りる際に保証人を立てることがありますが、住宅ローンの場合は保証人の代わりに保証会社というものを立てることになります。保証会社は借主が月々の返済額を返せないような場合に「保証」をしてくれるわけですが、住宅ローンに保証会社がついている場合、通常、お金を貸した銀行ではなく保証会社が抵当権者になります。これは、次のような理由によるものです。住宅ローンに保証会社がついていて、お金を貸した銀行が抵当権者になっていた場合、銀行が保証会社から代位弁済を受けると、債権者は銀行ではなく、保証会社となり、同時に抵当権者も保証会社となります。保証会社の代位弁済後も債務者が住宅ローンの残額を支払わない場合、保証会社は担保にとっている物件の競売の申立てをすることになります。この場合、登記簿上、抵当権者は銀行となっているので、抵当権を保証会社に移転する登記をして、それから競売を申し立てなければなりません。抵当権移転の登記には、それなりの費用と手間がかかります。住宅ローンに保証会社がついている場合、競売をするまでにかかる余分な費用と手間を省くため、最初から銀行ではなく保証会社を抵当権者とした登記がなされるのです。

◆ 抵当権とは

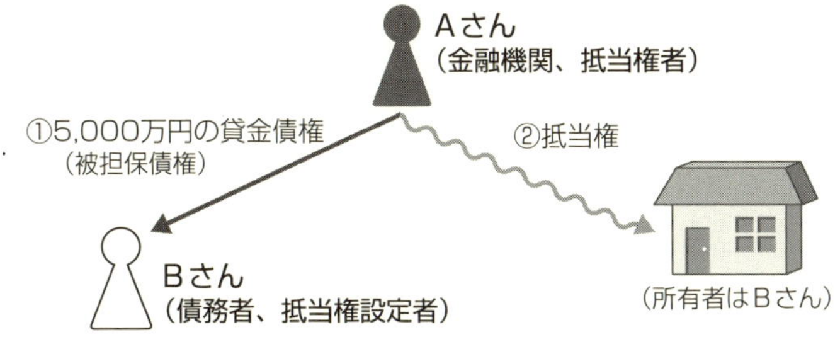

AさんはBさんと①住宅ローン契約（金銭消費貸借契約）と②抵当権設定契約を結ぶ。Aさんを「抵当権者」、Bさんを「抵当権設定者」、5,000万円の住宅ローン債権を「被担保債権」という。

3 競売や任意売却はどちらを利用するのが有利なのか

どちらも一長一短なので慎重に検討する必要がある

ケース 不況でリストラされ、どうしても住宅ローンの支払いができなくなりました。マイホームを手放すのもやむを得ないと思っていますが、競売と任意売却のどちらを利用した方が、今後の生活が楽になるでしょうか。

アドバイス

住宅ローンの支払いが滞った結果、銀行や保証会社などの債権者が自宅に設定された抵当権（担保権）を実行することを競売といいます。競売がなされると、自宅は裁判所の手続きによって売却されてしまいますが、競売の前であれば、銀行や保証会社に任意売却の提案をすることができます。任意売却とは、裁判所の手続きによらずに、自宅を売却することをいいます。売却方法は通常の不動産売買と同じように、買受人を見つけて自宅を売却することになります。

債務が膨れ上がり、自宅を売らなければ返済ができなくなった場合、競売を利用するのがよいか、任意売却を利用するのがよいかは迷うところです。どちらにもメリット・デメリットがあるので、一概には言えません。ただ、一般的な競売、任意売却のメリット・デメリットは次のようになります。

まず、競売のメリットですが、手続はすべて債権者が行うので、債務者は何も行う必要がないという点を挙げることができます。また、手続は通常半年～１年、長い場合には、２～３年以上かかることがあるため、その間、自宅に住み続けることができます。一方、デメリットは、市場価格よりかなり低い金額で売却される可能性があることと、競売後の残債務について、債権者が厳格に対応することが多いことが挙げられます。競売情報を閲覧した不動産業者などが大勢自宅にやってくる可能性がありますし、近隣の住民や第三者に競売にかけられていることを知られてしまう可能性もあります。

一方の任意売却ですが、メリットとしては、市場価格に近い金額で売却できる可能性が高いこと、近所の人には住宅ローンが支払えなくなったから売却するということはわからないこと、売却後の残債務については、債権者に柔軟に対応してもらえることも少なくない、といったことが挙げられます。デメリットは、短期間に自宅を退去しなければならないことが多いこと、契約などの手続にも関与しなければならないことなどです。裁判所が関与するわけではないので、先に手数料などを払わせて任意売却がうまくいかなくても返金しないという悪質業者に引っかかることもあり得ます。

このように、どちらにもメリット・デメリットがあるので、どうしても外せない条件は何なのか、何を優先すべきか、をじっくりと考えて、慎重に検討するようにして下さい。

◆ 競売と任意売却

競売のメリット	・手続きはすべて債権者が行うので、債務者は何もする必要がない ・競売手続きは通常半年～1年ほどはかかり、その間は自宅に住み続けることができる。場合によっては、競売手続きに2～3年以上かかることもある。また、競売で買受人が現れなければ、ずっと住み続けられる可能性もある
競売のデメリット	・市場価格よりかなり低い金額で売却される可能性がある ・競売後の残債務については、債権者は厳格に対応することが多い（残債務を支払えなければ、破産などを考えるしかない） ・近隣の住民、その他第三者に競売を知られてしまう可能性がある ・裁判所で競売情報を閲覧した不動産業者や不動産ブローカーなどが大勢自宅にやってくる可能性がある
任意売却のメリット	・市場価格に近い金額で売却できる可能性が高い ・一般の売却と変わらない方法なので、近所の人々には、住宅ローンが支払えなくなったから売却するということはわからない ・売却後の残債務については、債権者に柔軟に対応してもらえることも少なくない ・売却代金から引越代を出してもらえることがある
任意売却のデメリット	・競売と比較して、短期間に自宅を退去しなければならないことが多い ・契約などの手続きに関与しなければならない ・先に手数料などを払わせ、任意売却がうまくいかなくても返金しない悪徳業者に引っかかることがある

4 自宅が競売にかけられそうだが、どのような準備をしておくべきか

税金を滞納しないように注意しながら期限の利益喪失後の対応を考えておく

ケース 生活が苦しくなり、住宅ローンの支払いができなくなりました。自宅を手放さなければならないと思いますが、今のうちにできるだけのことをしておいて、競売にかけられた後の生活について備えておきたいと思います。どのようなことに気をつけておいたらよいでしょうか。

アドバイス

住宅ローンが支払えず、いずれ債権者が競売の申立てをすることがわかっている場合には、それに備えておくことは大切です。この間に十分な対策をしておくと、後々の返済についてトラブルの発生を避けることができます。

まず、不動産を所有していると固定資産税を支払わなければなりません。固定資産税の支払通知は、市区町村から3月頃に送られてきます。原則として、破産をしたとしても、税金の支払義務はなくなりません。また、税金の滞納に対しては、役所も厳しい取立てを行ってきます。ただ、どうしても支払えない場合には、役所に事情を説明するとよいでしょう。誠意をもって話せば、役所のほうでも譲歩してくれることがあります。役所に相談もせずに滞納することだけは避けましょう。

また、期限の利益喪失について、対策を立てておくことも大切です。期限の利益とは、定めた期限までは債務を支払わなくてもよいことをいいます。ただ、一般的には、返済が遅れると、期限の利益を喪失してしまいます。期限の利益を喪失した場合、債務者は、期限が来ていなくても、債務を全額支払わなければならなくなります。たとえば、平成20年5月に120万円を借り、平成20年6月から12回払いで毎月10万円を返済し、返済

が２か月滞った場合に期限の利益を喪失する契約を結んだとしましょう。この場合、平成20年７月までは返済したものの、８月、９月の２か月間返済をしないと、期限の利益を喪失することになります。つまり、期限の利益喪失により、残りの債務額100万円を一括で支払わなければならなくなります。通常、住宅ローンの支払いについての期限の利益を喪失すると、保証会社が代位弁済をし、その後、競売を申し立てます。これを防ぐためには、期限の利益の喪失による一括請求を引き伸ばすことです。これができれば、ローンを支払わず、長く自宅に住み続けることができます。

たとえば、契約に、「返済が２か月滞った場合には期限の利益を喪失する」と記載されていたとしても、すぐさま一括請求されるとは限りません。通常、債権者は催告書を送って来ます。支払わない限り、毎月のように催告書が送られてきます。催告書の回数はどんどん増えていきますが、ある程度催告書がたまってきた時点で、それまで滞納していた金額のいくらかでも支払っておくと債権者の競売申立てを防ぐことができます。その際には、丁重な詫び状なりを送付しておけばより効果が増します。これでいくらか時間を稼ぐことができます。最終的には、競売や任意売却で自宅を失うとしても、これをある程度繰り返しておくと、その間に、資金を貯めることができるほか、様々な準備に要する時間を稼ぐことができます。

◆ 期限の利益の喪失

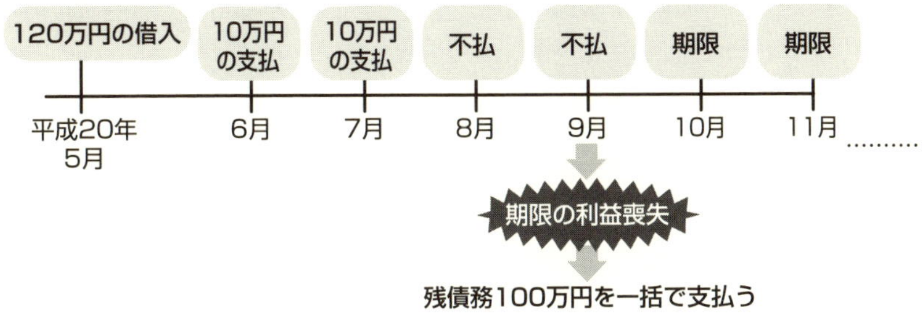

5 自宅を競売にかけられるとどうなるのか

家は失うが、落札者が決まるまでは住み続けることができる

ケース 借金の返済に追われて住宅ローンの支払いが滞っていたところ、マイホームが差し押さえられました。私はすぐに家を出なければならないのでしょうか。

アドバイス

差押えとは、対象となっている不動産を処分できないようにすることです。相談者のように住宅ローンの支払いが滞っていると、抵当権が実行され、競売にかけられてしまいます。競売開始決定がなされると、対象となっている不動産には差押えが行われ、債務者はその不動産を誰かに売ることができなくなります。

家を差し押さえられた場合、落札されれば自宅を失うことにはなりますが、すぐに出ていかなければならないわけではありません。というのも、この競売は、裁判所を通した手続きなので、厳格さが求められます。そのため、調査などに時間がかかりますし、申立費用や登記手続の費用もかかります。債務者は、競売にかけられた家が実際に落札されるまではそのまま自宅に住むことができますから、時間がかかればかかるほど、自宅に長く住むことができます。そして、その間はローンの支払いも不要ですから、それまでローンとして支払っていた費用を、生活を再建するために使うことができます。競売は落札まで１年ほどかかるので、その間に資金を貯めることができます。したがって、相談者はすぐにマイホームを出て行かなければいけないような事態に陥ることはありません。

競売が落札されるまでに時間がかかるのは差押をした後に次のような手続がとられるからです。

まず、裁判所は、不動産をめぐってどのような債権が存在する

のか、不動産自体にどれだけの価値があるか、という情報を集め、登記されている他の抵当権者などに対して、期間内に債権の届出をするように催告します。さらに、執行官に対して現況調査命令を発し、不動産の占有状態などを調査させ、評価人に対して評価命令を発し、不動産の評価額を鑑定させます。この結果、現況調査報告書と評価書が作成されます。裁判所はそれを基に、不動産の売却基準価額（不動産を買い受けるために、支払わなければならない最低額）と売却期日（期間）を決定し、その情報を物件明細書として、だれもが閲覧できる状態にします。入札では、もっとも高い金額をつけた者が落札して買受人（競落人）になります。競落人が代金を納付すると所有権登記も移転し、届け出た債権者への配当が行われますが、それまで数年かかることもあります。

したがって、相談者は買受人が決まって買受人に所有権が移るまでの間は住み続けることができます。また、競売を申し立てたり、任意売却を試みても買い手がなかなかつかず、実質的にずっと住み続けられる可能性もありますし、売りに出しても買い手がつく見通しがない、あるいは売れたとしてもきわめて低い価格でしか売れない、というような場合には担保権者が競売や任意売却での回収をあきらめ、そのまま住み続けられる可能性もあります。

◆ 競売の流れ

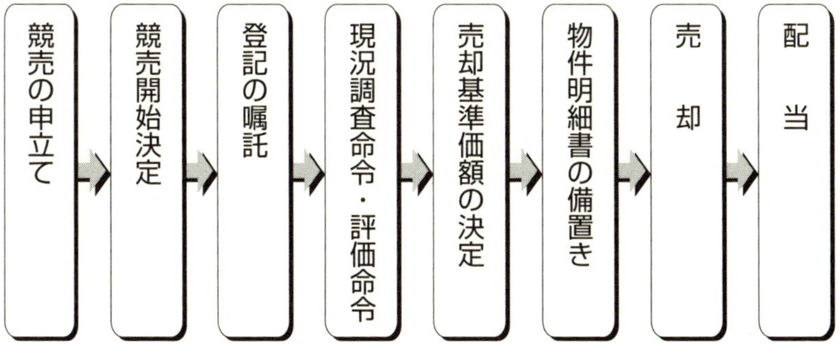

6 自宅を任意売却するとどのような効果が得られるのか

競売より高く売れる可能性はあるが実行するには債権者側の協力がいる

ケース 住宅ローンの返済が苦しく、支払いも滞っています。このままでは競売にかけられてしまうと思うのですが、競売にかけられても低い価額が設定されると聞いています。これでは結局、家を失っても高い返済に苦しむことになると思うのですが、なんとかならないでしょうか。

アドバイス

相談者のように住宅ローンを支払えなくなった場合、一般には住宅に抵当権を設定している銀行や保証会社などの債権者（担保権者）が、抵当権を実行して住宅ローンとして貸した金銭を取り戻します。

ただ、抵当権の実行によって行われる競売については、競売にかけても少ししか回収できない可能性がある上に売れるかどうかわかりません。さらに、手続も煩雑で時間がかかるとなると、債権者としてはすぐにでも売り飛ばして換金したいと思うはずです。

債権者である銀行側のこうした心理を踏まえ、相談者が家を手放した後に少しでもゆとりのある生活を送れるようにする可能性のある方法の一つに任意売却があります。

任意売却といっても、特別な方法で売却をするわけではありません。

買受人を見つけ、売買契約を締結するだけです。通常の不動産売買と基本的には変わりません。

任意売却は、売れるかどうかわからない上に価額を7割減まで落としてしまう可能性がある競売よりもメリットが大きいといえます。

住宅を買い受ける買受人にしても、面倒で時間がかかる競売手続を省略して、物件を手に入れることができれば願ったりです。

債務者である相談者にとっても、

競売よりも高く売れれば、債務の返済が楽になります。つまり、債権者、債務者、買受人の誰もが得をする制度といえます。

ただ、ケースによっては、任意売却よりも競売のほうがよい場合があります。たとえば、すぐに自宅を出たくない場合です。競売は手続に時間がかかるため実際に家を明け渡すまでに1年ほどの期間があります。しかし、任意売却の場合にはすぐに買受人が見つかる可能性があります。その場合はすぐに自宅を出て行かなければなりませんから、注意が必要です。

◆ 任意売却手続きの流れ

物件所有者の同意 ▶ 物件の調査 ▶ 買受希望者の意思確認 ▶ 利害関係人の調整 ▶ 売買契約の締結 ▶ 買受人の代金支払い ▶ 配当表に基づく支払い

まめ知識　**サービサーに債権が譲渡されることは不利ではない**

任意売却や競売を行っても債権が残った場合、債権者が最後にとる手段は、債務をサービサーに譲渡することです。サービサーとは、債権回収を専門に行う会社のことで、法務大臣が許可を与えた機関です。債権者から債権を譲り受けたサービサーは、債権者から買い取った額面より多くの金銭を債務者から回収しようとします。ただ、実際は、二束三文で債権を買い取っているので、交渉次第では債務を減額できる可能性があります。

7 任意売却をする際に債権者との交渉過程で気をつけることとは

相手に任意売却をした方が良いと思わせるのがポイント

ケース これ以上住宅ローンを支払うことができそうにありません。できれば自宅を競売にはかけられたくないので、任意売却することを考えています。ただ、住宅ローンの債権者である銀行が素直に応じてくれるか疑問です。銀行とどのように交渉すればよいでしょうか。

アドバイス

あなたの心配しているとおり、銀行に「任意売却をしたい」と言っても、簡単には同意してくれないでしょう。銀行が望んでいるのは、担保をとったまま、あなたがローンを払い続けることですから、担保が消えてしまう任意売却に簡単に同意するはずがないのです。

したがって、あなたとしては、銀行に「任意売却をしたほうがよい」と思わせる必要があります。

自宅を維持したままで債務の返済が不可能になった場合、銀行や保証会社などの債権者に競売を申し立てられる前に債務者から任意売却を切り出したほうがよいでしょう。その際、買受人および買受額も決めておくと、銀行などの債権者との交渉もスムーズにいきます。ただ、銀行としては、任意売却を切り出したことで、こちらの財産状況が悪化したことを把握し、さまざまな対策をとってくることが予想されますから、任意売却を提案するときは、十分な準備をしておくべきです。具体的には、任意売却の提示をした際に、住宅ローンが支払えないことも伝えておくようにします。ローンを支払えないことと任意売却をしたいことを伝えておけば、その後、ローンを支払わなかったとしても、催告状などが送達されることはありません。債権者としては、対処方法を考えている段階なので、ある程度支払いの猶予がなされるのです。

それでも任意売却に同意してもらえず、結局競売を申し立てられてしまった場合は、その後に任意売却を提案することも考えておきましょう。競売は、不動産の買受人が買受の申出をするときまでは、取り下げることができるため、競売の申立て後でも、任意売却することができるのです。競売の申立てをすると、裁判所は不動産の調査をし、売却基準価額を決定します。この売却基準価額が、その不動産の落札価額の基準になります。

タイミングとしては、この基準価額が決まった後に、任意売却の交渉を始めるのです。売却基準価額が決まるまでは、競売で回収できる金額があなたの提示した任意売却価格よりも高くなると思って任意売却を拒否していた銀行も、売却基準価額が思ったより高くなかった場合には、対応が変わる可能性があります。売却基準価額よりもいくらか高い金額を任意売却価格として提示すれば、債権者が競売を取り下げて任意売却に応じる可能性が高くなるでしょう。

◆ 任意売却の申し出のタイミング

①住宅ローンの支払い→不能

十分な準備
任意売却の買受人候補者と売却額の決定
↓
任意売却の申し出 ← 第一のタイミング
・住宅ローンを支払えないことを伝える
・買受人候補者と売却額を伝える

②競売申立

（ここは基準価額が決定するまで我慢）

③売却基準価額の決定

任意売却の申し出 ← 第二のタイミング
・基準価額よりいくらか高い売却価格を提示

（ここまでは任意売却の可能性がある）

④買受人による買受の申出

8 債権者が任意売却をもちかけてきたら

債権者のペースに乗らずに自分が不利になる条件には応じないこと

ケース 住宅ローンの支払いが滞りがちになっていたところ、銀行から不動産業者を紹介するから任意売却をしたらどうか、と言われました。担当者の話では、競売にかけると近所の人に知られて生活しにくくなるだろうから、とのことで、私のことを考えてくれているようでした。応じようと思いますが、不安です。何か気をつけた方がよいことなどはないでしょうか。

アドバイス

住宅ローンの支払いが滞った場合、通常、銀行などの債権者は、担保にとっている不動産を競売にかけます。ただ、競売は費用や時間がかかるのと、配当額も一般には低いので敬遠されることがあります。また、競売をした後は、残債権が無担保債権になってしまうため、回収が難しくなることも敬遠される原因のようです。

競売をした後に銀行が残債務を回収するには、強制執行（債務者の財産を強制的に売却すること。不動産だけでなく動産や債権も含まれます）しかありません。ただ、強制執行をするには、債務名義という書面が必要になります。債務名義には、判決、和解調書、調停調書、公正証書（執行証書）などがあります。通常は、債務者に対して訴訟を提起して勝訴し、判決を得る方法で債務名義を得ます。しかし、裁判は時間と費用がかかります。

あなたを思いやっているようなことを言っていますが、銀行の担当者はこうした理由から競売を敬遠してあなたに任意売却を持ちかけてきているにすぎないのです。

銀行がすでに売却を行う不動産業者を指定してきているということは、この先の債権回収のシナリオができている、ということです。

銀行が指定した不動産業者に売却の依頼をすると、かなり早い段階で買受人が見つかったという連絡がくるでしょう。そして、この売却額を住宅ローンの足しにした銀行は、残りの債務について、公正証書の作成を要求してきます。公正証書とは、簡単にいえば債務名義になる書面のことです。公正証書があれば、仮にあなたが残債務を支払わなかった場合に、直ちに債務者の財産に強制執行をかけることができます。つまり、銀行は、不動産の売却で担保が消えてしまった場合に、今度は新たな担保となる公正証書を作成してほしいのです。あなたが任意売却に応じた場合には、こうした筋書きで話しが進んでいくことも考えられます。公正証書を作成するということは、新たな担保をとられたということですから、なんら解決にはならないばかりか、むしろ、状況は悪化するでしょう。したがって、銀行のペースに乗せられずに、自分にとって不利な状況となるような要求は断るようにしたほうがよいでしょう。

◆ 銀行が住宅ローンを勧めるのはなぜ？

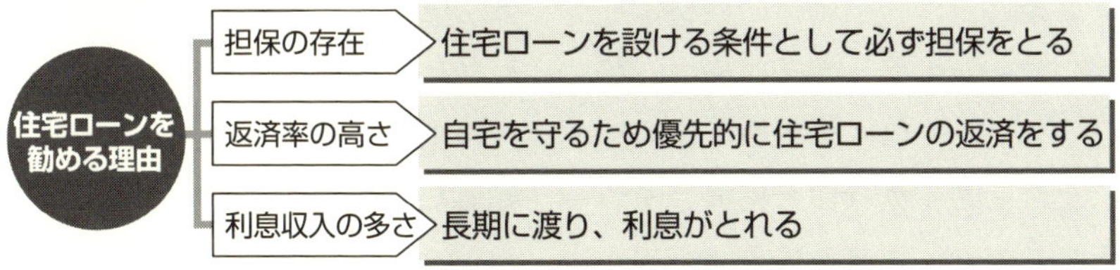
住宅ローンを勧める理由
担保の存在
住宅ローンを設ける条件として必ず担保をとる
返済率の高さ
自宅を守るため優先的に住宅ローンの返済をする
利息収入の多さ
長期に渡り、利息がとれる

◆ 銀行のシナリオ

任意売却の提案
銀行の指定する不動産業者に売却依頼
自宅を任意売却
残債務に対して公正証書の作成
債務者の支払不能
公正証書で強制執行

9 任意売却にむけて債務者がしておくこととは

自宅の価格と債務額を把握した上で任意売却すべきかを検討する

ケース 会社の状況が思わしくなく、私の給料もカットされています。こうした中、住宅ローンの支払いが苦しくなっています。できれば自宅を手放さずに何とかしたいのですが、どうしようもない場合には任意売却することも考えています。行動に移す前にどんなことを検討しておくべきでしょうか。

アドバイス

あなたの場合、まずは自宅の価格が現在いくらなのかを知っておく必要があります。価格を知っておくと、対策をたてやすくなります。たとえば、不動産の価格よりも、ローンのほうが多い場合、任意売却をしたほうが得策です。

また、必ず債務額も把握しておきましょう。正確な債務額を知らなければ、今後の方針を決めることができません。債務額によっては、自宅を失わずに住宅ローンを返済することができます。債務額を把握するのは簡単です。返還表などで毎月の支払額、利息額、債務残高がわかります。銀行などに連絡してもよいでしょう。

その結果、今のままでは住宅ローンの返済ができないことが判明した場合には、まずは債権者と話し合ってみるべきでしょう。自分の収入や財産状況を話し、返済方法を見直してもらうのです。これをリスケジュールといいます。

うまくいけば、現在の返済額を減額してもらうことができます。ただ、支払金額は以前と変わらない点には注意が必要です。「今をしのげればなんとかなる」という状況でしたら、リスケジュールは意味のあるものになります。しかし、今後の収入などに変化がない場合には、リスケジュールは解決策とはならないかもしれません。

あなたの場合には、給料がもと

に戻る可能性があるかどうかを検討する必要があります。もとに戻る可能性があるのであれば、リスケジュールで乗り切って、自宅を手放さずに生活を再建することも可能です。先行きがわからないような場合には、リスケジュールではなく任意売却を検討した方がよいでしょう。

任意売却することにした場合は、早めに債権者に対して任意売却を行う旨を伝えるとよいでしょう。競売の申立てがなされても、交渉次第では任意売却をしてもらうこともできますが、交渉が決裂すれば、競売による売却になりますから、任意売却することに決めた場合には、競売の手続に入る前に、債権者との交渉に入りましょう。

◆ 任意売却かリスケジュールかの判断基準

① 自宅の価格を把握する

自宅の価格 ＜ ローン
↓
任意売却を検討

自宅の価格 ＞ ローン
↓
任意売却以外の方法を検討

② 住宅ローンの残債務を把握する ← 銀行から交付されている返済表で確認

※ 住宅ローンの返済が可能かどうかを確認

チェックポイント
毎月の支払額・利息額・債務残高

可能な場合
↓
そのまま返済

不可能な場合
↓
銀行に相談

③ 収入の見通しを把握する

現在だけ収入が下がっていて将来上がる見込みがある場合
↓
リスケジュールを検討

将来の収入も不安な場合
↓
任意売却を検討

10 自宅を親戚に売却して住み続けたい

親戚・金融機関双方にメリットのある条件を提示することが必要

ケース 住宅ローンの返済がきつい状況なのですが、住み慣れた自宅を離れたくありません。そこで裕福な親戚に自宅を売却して、貸してもらえないかと考えています。どうすればうまく話を進めることができるでしょうか。

アドバイス

住宅ローンの返済に窮した場合に抵当権を実行されて競売にかけられるのを待つのではなく、買受人を見つけ、売買契約を締結するという、通常の不動産売買と同じような方法で売却することを任意売却と言います。任意売却をうまく利用することで、自宅に住み続ける方法があります。

相談者が考えているように、親戚や知人などに任意売却で住宅を購入してもらう方法です。その上で、住宅の所有者となった親戚などから、住宅を借り受けます。つまり、自宅を売り払う代わりに、新しい所有者に賃料を支払うことで、これまで通り住み続けることができるようになります。親戚でしたら、買受人を探す手間も省けます。

ただ、ほとんどの銀行では、親戚間による住宅の売買で住宅ローンを認めてはいませんから、親戚などに自宅を一括で購入するだけの金銭がなければなりません。

相談者の場合には、裕福な親戚ということですから、この点は問題なさそうです。

ただ、仮に親戚に金銭的な余裕があったとしても、わざわざ、そのような大金をはたいて、任意売却に協力してくれるか、という疑問があります。裕福だから、親戚だから、という理由だけで協力してもらうのは難しいでしょう。

そこで、その親戚に、任意売却をすることによってメリットがあることを示す必要があります。

たとえば、親戚に2,000万円で自宅を購入してもらいます。その上で月々の家賃を、10万円にしてもらいます。親戚には年間120万円の家賃収入が入ることになります。2,000万円を預金したと考えてみると利回りは年6％になります。銀行預金に比べれば、かなりの高金利といえます。

このように、親戚に買い受けてもらう場合には、いくらで買い受けてもらうか、いくらで借りるのか、を考えておく必要があります。

次に、債権者である金融機関との話の進め方ですが、抵当権を抹消してもらわなければ意味がありません。住宅ローンの残額に見合った額で親戚に買い受けてもらう場合には問題ありませんが、それ以下の場合には、金融機関との交渉が必要になります。一般には、任意売却のほうが競売をするより利益が得られるので、金融機関も納得する可能性が高いのですが、提示した売却額では納得しない可能性もあります。この場合、金融機関が競売の申立てをするまで待って、親戚に入札してもらう方法も検討するとよいでしょう。

◆ 任意売却で住み続ける方法

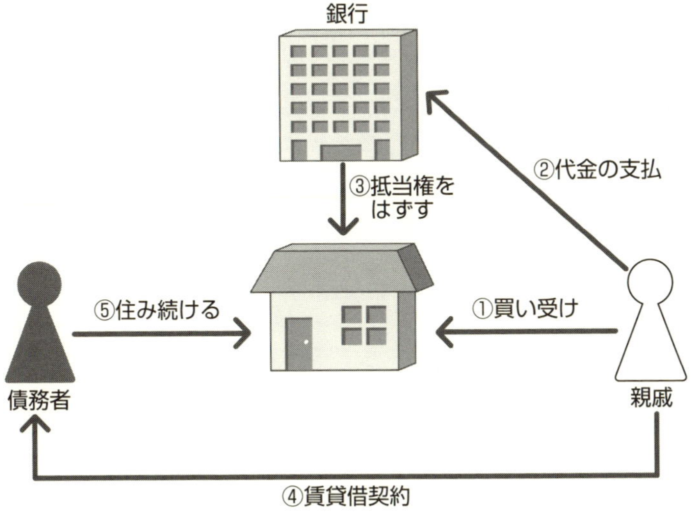

11 仕事もなく借金も増えたので生活保護を受けたい

債務整理をしてからでないと生活保護は受けられない

ケース 私は半年前に失業してからずっとハローワークで仕事を探してきましたが、どうしても仕事に就けません。私の失業中も働いていた妻は3か月前に体をこわし入院してしまいました。我が家にはもう稼ぎ手がなく、妻の治療費もかさんできたため、急場しのぎに消費者金融からお金を借りましたが、やり過ごせそうにありません。生活保護を受けたいのですが、可能でしょうか。

アドバイス

まず、仕事がない状態で生活保護を受けられるかどうか、という点についてですが、あなたが本当にあらゆる手を尽くして仕事を探したのに見つけられなかったことが認められれば可能です。何をどうやっても仕事を得ることができなかった、と言って職員に泣き落としをかけて生活保護を受けることも不可能ではありません。しかし、ここでおすすめしたいのは、職探しの記録を詳細に記録しておく方法です。ハローワーク（公共職業安定所）に何回足を運んだのかなどのデータを年月日も含めてきちんと記録したノートを職員に見せれば、これは「仕事が見つからない」ことの立派な証明となります。ハローワークで作成した求人カードも確実な証拠ですから大事に保存しておくようにします。

実際に面接を受けた場合には、その会社名、住所、面接日とその簡単な内容、面接の結果、備考などをわかりやすく一覧表にしておくと説得力が出ます。備考欄には、どうして面接に通らなかったか、あるいはその職場を選ばなかったのかについての説明を入れておくとよいでしょう。

また、入院している奥さんにつ

いてですが、入院費や手術費が払えない場合には、医療相談員やＭＳＷ（メディカル・ソーシャル・ワーカー）に相談するとよいでしょう。ほとんどの病院には「医療相談室」があり、彼らはここに待機しています。医療相談室は、医療費などの対応をするためのものですから、遠慮なく相談をしましょう。入院していて働けないことを福祉事務所の担当者に伝える場合に医療相談員やＭＳＷを通すと、意外にあっさりと生活保護を受けられることもあるようです。

なお、福祉事務所はその人に生活保護申請を受ける資格があるかどうかを判断するのに医師の診断を重視します。つまり、医師が「この人はまだまだ働ける」という見立てをした場合、生活保護を受けることができなくなります。時には診断と現実にギャップが生じることもありますから、医師には奥さんが働けない理由と、働けるという診断をされると生活保護を受けられないことを説明しておくとよいでしょう。

また、一定以上の資産がある場合や借金がある場合には、原則として生活保護を受けることができません。あなたの住居が持ち家で自宅を売却すれば十分生活していけるような場合には、生活保護を受ける前に売却する必要があります。また、借金については債務整理をしてからでなければ生活保護が受けられないので、注意しましょう。

◆ 仕事をしていない場合の申請

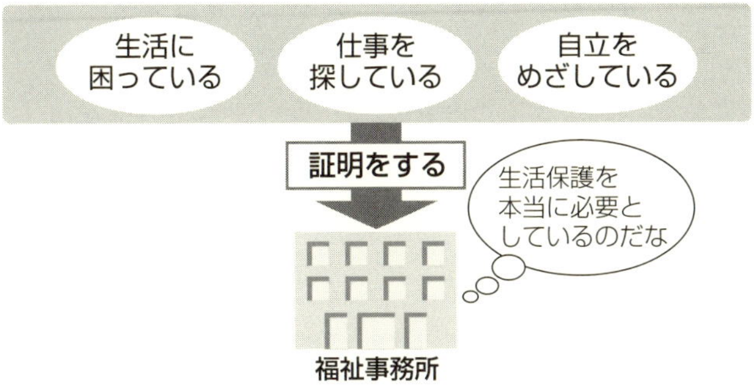
生活に
困っている
仕事を
探している
自立を
めざしている
証明をする
生活保護を
本当に必要と
しているのだな
福祉事務所

12 借金がある上に居候の身だが生活保護を受けたい

住所不定でも申請できるが借金がある場合には整理する必要がある

ケース 私は、１年前に失業してから預金が底をついてしまい、消費者金融からの借金で何とか生活してきました。ところが家賃の滞納が続いたせいで借りていた部屋も追い出されてしまい、現在は知人のアパートに居候しています。たまにスポット的な仕事も入るのですが、生活していくにはほど遠い金額です。生活保護を受けたいのですが、可能でしょうか。

アドバイス

生活保護の申請は市区町村役場にある福祉事務所に行いますが、住所不定者の場合は、どの地域の福祉事務所でもかまいません。現在、困窮している場所を管轄している福祉事務所が生活保護を与える権限と義務を負うことになっているからです。

あなたのように居候をしている場合にも、アパートを借りている人と同様に住民登録をすることができます。居候先の住所を住民票に記載される住所として登録することには何の問題もありません。ただ、少なくとも居候先の主にその理由を告げておくべきでしょう。

また、福祉事務所に相談に行く場合には、現住所が居候先であることを正直に告げる必要があります。

なお、生活保護を受けられるかどうかの基準の一つに、「資産の有無」があります。あなたが実は故郷に不動産を有している、といった事情がある場合には、その点も考えておかなければなりません。

また、預貯金も一定額以上を超えた場合は「資産」とみなされます。

この一定額の目安は「生活保護を受けた場合に支給される生活保護受給月額の半分」です。ですから生活保護が受けられるようになったと仮定して、その月額が14万円であれば７万円を超える預貯金を所有していればこれが「資産」であると判断されます。

預金が底をついて借りた部屋も追い出されてしまったあなたの場合には問題ないと思われますが、もし幾分かの預金を持っている場合には、この点にも注意して下さい。

相談に行く前に資産とともにチェックをしておきたいのが収入です。

収入は、最近３か月分を３で割って平均をとるようにします。

その平均額が生活困窮者の大まかな基準である10万円前後（１人世帯）に満たなければ生活保護を受けられる可能性がアップします。

慢性の病気で多額の医療費を払っている人は、収入からさらに医療費を引いて計算することができます。ですからこの場合、平均した収入が10万円前後（１人世帯）を超えていても十分に資格はあるわけです。

最後に、消費者金融から借金をして生活していたとのことですが、この借金があるままの状態で生活保護を受けることはできないので注意して下さい。

生活保護を受けなければならないほど窮しているのであれば、あなたの負っている借金を、まずは自己破産や任意整理を行って整理する必要があります。借金の整理は自分で行うこともできますが、手続きなどが複雑です。

通常は弁護士や認定司法書士などに委任することになるのですが、あなたの状況では弁護士や認定司法書士に払う費用を用意できない可能性が高いと思われます。このような場合には、法テラス（日本司法支援センター）の法律扶助制度をうまく活用するようにしましょう。

◆ 借金がある場合の申請

生活保護は受けられる
福祉事務所
ただし、借金整理の必要あり

13 どんな種類の生活保護を受けられるのか

8つの扶助があり、世帯にあった基準額に応じて支給される

ケース 私は東京に住んでいる35歳の会社員です。妻と4歳の子がいますが、私が病気になってしまい、働けなくなってしまいました。妻は働いていますが、月収は10万円程度です。貯蓄も底をつき、借金も増えてきたのでこのままではまずいと感じています。生活保護を受けようかとも思いますが、生活保護は母子家庭や高齢者ではないと受けられないとも聞きます。

どうすればよいでしょうか。

アドバイス

生活保護は、特殊な人しか対象にならないと思っている人もいます。

あなたも聞いた、「母子家庭じゃないと保護を受けられない」とか、「年金をもらっているから保護の対象とならない」とか、「65歳以上じゃないと保護を受けられない」といった内容ですが、そんなことはありません。

あなたのように、実際には保護を必要としているにもかかわらず、生活保護を受けていない世帯や、生活保護の制度の存在自体を知らない人も多いと言われています。

すべての国民は「健康で文化的な最低限度の生活を営む権利」をもっています。

生活保護の制度はこの権利の保障を具体的に制度化したものです。

生活保護には、①生活扶助、②住宅扶助、③教育扶助、④介護扶助、⑤医療扶助、⑥出産扶助、⑦生業扶助、⑧葬祭扶助、の8つの扶助があります。それぞれの世帯の生活実態に応じて、国が定めた基準があり、その基準額の範囲内で扶助費（保護費）が支給されます。

あなたが実際に生活保護を受けた場合、次のように、具体的に文化的な生活を営むための保障がなされます。

まず、生活保護費の算出ですが、国が定めた最低生活費（保護基準）と世帯の収入を比べて、収入のほうが少ない場合に、その不足分が生活保護費として支給されます。

東京に住んでいるとのことですから、平成20年度の基準の東京都の支給例で具体的な数値を挙げておきましょう。

あなたのような世帯について国が定めた最低生活費（保護基準）は、23万4980円となっています。

奥さんは毎月10万円の収入を得ていますから、勤労控除（基礎控除）として2万3220円が加えられ、最終的な保障水準は25万8200円となります。この場合に実際に生活保護費として支給される額は、最低生活費と勤労控除後の収入との差額15万8200円となります。勤労控除（基礎控除）とは、勤労意欲を高めるため勤労収入額に応じて認められているものです。

こうして実際に計算してみるとわかるように、あなたの世帯は、生活保護を受けられる状況にあります。あなたの世帯が生活保護世帯に該当することになった場合、それ以後、医療機関の窓口で支払う医療費はすべて医療扶助から支払われることになります。あなたが病気になってしまって働けないということですから、こうした点で生活保護を受ける恩恵は大きいと言えます。ただし、実際に申請する前に、借金については、整理しておく必要があるので、注意して下さい。

◆ 生活保護の種類

生活扶助	食べ物、衣類、光熱費など日常の暮らしの費用
住宅扶助	家賃、地代などにかかる費用
教育扶助	義務教育（給食費、学級費、教材費などを含む）に必要な費用
介護扶助	介護に必要な費用
医療扶助	医療にかかる費用（めがね、コルセットなどを含む）
出産扶助	出産に必要な費用
生業扶助	自立に必要な技能を習得したりするための費用
葬祭扶助	葬祭にかかる費用

14 辞退届を書かされそうだが

言いなりにならずに職探しをしていることを証明する

ケース 会社が倒産し、貯蓄も底をついた１年前から生活保護を受けています。その間ずっと職を探していますが、決まりません。最近、福祉事務所から辞退届を書くよう勧められ困っています。どうすればよいでしょうか。

アドバイス

生活保護を受けるには以下の内容を守らなければなりません。

① 常に能力に応じて勤労にはげみ、家計の節約を図り、生活の向上につとめること

② 収入や支出など生計の状況が変わったとき、または住所や家族の構成、状態が変わったときは、早いうちに必ず職員に届け出ること

③ 保護を受けている権利を他人に譲り渡さないこと

④ その他、職員のアドバイスを参考にして生活の維持向上につとめること

この要件を満たさない場合、生活保護を打ち切られます。福祉事務所の権限で生活保護を打ち切るほど、明確に生活保護を受ける資格がなくなったとは言い切れない場合、福祉事務所が本人に「辞退届」を勧めることもあります。

たとえば、あなたのように、仕事が見つからないときなどです。

この辞退届を本人が自分の意志で提出する場合には問題ないのですが、あなたのように、福祉事務所に勧められるケースもあります。しかし、まじめに職を探している人に対して、生活費を支給しないのは問題です。

あなたの場合には、きちんと職探しをしているのに仕事が見つからないのですから、それを必要に応じて書類などを提出して説明し、言いなりにならないようにしましょう。

【監修者紹介】

藤田　裕（ふじた　ゆたか）

1969年千葉県出身。法政大学法学部卒業。弁護士(第二東京弁護士会所属)。エスト法律事務所所属。高齢者・障害者財産管理委員会、刑事弁護委員会等所属。おもに消費者問題、医療過誤事件、交通事故、刑事事件等を担当。
著作に『消費者契約法・特定商取引法・割賦販売法の法律知識』『裁判員制度と刑事訴訟のしくみ』『患者・家族のための医療訴訟実践手続マニュアル』『病院や医療事故をめぐる法律とトラブル解決マニュアル』（小社刊）、『交通事故をめぐる法律知識』『借金整理の方法と自己破産のしくみ』（編著　同文館出版）、『最新　法律がわかる事典』（共著　日本実業出版社）、『小さな事業者の破産手続きと借金整理』（編著　日本実業出版社）がある。